왓슨의 칭의와 성화 이야기
17세기 영국 청교도 토마스 왓슨의 칭의와 성화

그리스도인으로서,
당신은 세상의 뜻대로 살려고 하는가?
세상이 원하는 자가 되려는가?
구원 받은 신자라면,
당신은 하나님을 섬기기 위해
거룩하게 구별된 사람이라는 사실을
꼭 기억해야만 할 것이다.

그리스도인은 기이한 빛에 들어가게 하신 이의 거룩한 덕을 선포하는 자들입니다. 이들은 세상 각처에 숨어 있기도 하고 드러나 있기도 합니다. 그들은 보이지 않지만 실제로 존재하시는 하나님을 드러내는 사명을 받았습니다. 이 작은 책이 하나님의 덕을 선포하여 세상 가운데 살아가는 많은 죄인들의 가슴 속에 파문을 일으키는데 도움이 되기를 예수님의 이름으로 기도드립니다. 아멘.

차
례

들어가기 전에, 010

01. 인간은 하나님의 약속에 따라 구원을 얻게 된다   029

　　사람의 죄
　　하나님의 형상을 따라 지음 받다
　　아담의 죄책 전가
　　원죄와 자범죄
　　왓슨의 죄의 해악
　　죄에서 구원으로
　　하나님의 약속
　　행위언약
　　은혜언약

02. 의로움과 거룩함이란 무엇일까   049

　　칭의, 의롭다고 여겨지는 것
　　칭의 교리의 왜곡
　　성화, 거룩함으로 변화되어간다는 것
　　성화의 모조품

03. 의로움과 거룩함의 역사

2~3세기 교부

아우구스티누스 (Augustine, 4세기)

중세 칭의

토마스 아퀴나스 (Thomas Aquinas, 1225-1274)

루터 (Martin Luther, 1483-1546)

멜란히톤 (Philipp Melanchthon, 1497-1560)

칼빈 (John Calvin, 1509-1564)

청교도의 칭의론(17세기)

04. 마음의 밭을 가는 일에 대해

소극적 성화에 대해

죄 용서

회개의 필요성

유효한 부르심과 그리스도와 연합

참된 믿음

청교도들의 결과적 조건

구원에는 선한 행위가 필요하다?

칭의와 성화는 동반자

칭의와 성화는 동시에, 반드시 함께 일어난다

05. 마음 밭에 의로움의 씨를 뿌리기 위해   121

성화 우선성에 관한 논쟁

그리스도의 의의 주입: 소질(素質)

구원의 서정

신앙고백서의 칭의와 성화

칼빈의 구원의 서정

왓슨의 구속의 적용

06. 의로움과 거룩함은 율법 그리고 복음과 함께 한다   153

율법의 구분

자연법과 양심법

율법과 복음의 성령사역

은혜 안에서 율법과 복음

성경의 통일성에 기초한 율법

모세의 법과 은혜의 법

율법과 복음의 관계

율법과 복음의 차이

07. 거룩하게 살기 위한 방법적 제안   171

명령: 율법을 주신 하나님

순종: 거룩함으로 나아가며

순종과 사랑

경건의 실천

08. 갈무리   199

각 장을 정리하며

09. 토마스 왓슨의 생애와 사상   213

교육

생애

사상

저술

장별출처   236

참고 문헌   255

들어가기 전에,

참 그리스도인을 찾아

너무나 흡사해서 만든 이 외에는 도무지 판단할 수가 없는 명품이 있다. 인간 세상에서는 그것이 진짜인지 가짜인지 구별하기 힘들다. 어떤 이들에게는 그 물건이 가짜라고 해도 별 문제가 되지 않을 지도 모르겠다. 그 물건은 진짜와 같은 광채를 가지고 있을 뿐만 아니라 자신을 빛나게 해주기 때문에 진짜라고 판단해 버렸을 지도 모르겠다. 하지만 그것을 만든 이는 안다. 명품을 흉내 낸 가짜라는 것을. 다만 모두가 진짜라고 믿고 있을 뿐이라는 것을.

진짜와 너무나 흡사한 그리스도인이라면 어떨까? 단지 물건의 가치를 넘어서는 인생 전체 삶에 관한 문제라면 진짜와 가짜의 문제는 다소 두려운 결과를 맞이할 수 있다. 영생에 관한 문제이지만 그 진짜와 가짜를 인간의 눈으로는 도무지 구별할 수가 없다면? 성경에서는 열매를 통해서 진짜와 가짜를 구별하라고 말하고 있지만 우리는 그 열매라는 것이 어떤 것인지 분명하게 깨닫지 못할 때가 대부분이다. 덕분에 우리는 그 열매를 흔히, 그 시대적 가치에 따라 생각하곤 한다.

2021년 현대인의 가치는 자본이다. 즉, 부의 가치가 평판의 가치로 여겨짐을 당연하게 생각한다. 교회를 열심히 다니는데 가난하다면 열매가 없다고 단정 지을 지도 모르겠다. 장애를 겪는 것에 대해서도 마찬가지이다. 어떤 이들은 하나님께서 당신 자녀들에게 가난이나 장애를 주실 리가 없다고 여기는 것이다. 그렇다면 하나님께서 주시는 열매라는 것이 큰 집이나 사회적 지위 혹은 자녀들의 사회적 위치나 학력일까?

어쩌면 우리의 적은 나와 가장 가까운 이웃, 옆 사람의 삶일지도 모른다. 신앙인이라면 같은 교회 사람들 기준으로 매겨질 지도 모르겠다. 옆 사람의 행위를 토대로 우리 삶의 기준이 달라지기도 한다. 각 시대마다 가장 가까이에 있는 사람들이 기준이 될 때가 얼마나 많은가. 시대가 말하는 사회적 평가, 사회가 주는 평판의 방법이 곧 내 삶의 가치로 자리매김한다.

24시간 쉬지 않고 열려 있는 휴대폰 속에 세계가 들어있다. 이 세계에는 옳고 그름이 없다. '다름' 이 있다. 포스트모더니즘을 대변하는 시대적 이슈는 '다름'이다. 이는 그리스도인이나 그리스도인이 아니거나를 상관하지 않는다. 매일 같이 날아오는 메시지는 세상에 대한 메시지이다. 다소 불안하고 두려움으로 가득 찬 세상이다. 뭐든 하지 않으면 안 될 것만 같은 공포. 이는 남들보다 더 빨리, 더 높이 가지라고 말한다. 갖가지 방식으로 포장하여 들려준다. 이 세상이 주는 메시지는 언제나 상대적이다. 너와 나를 나누며, 공동체를 나누며, 국가로 나누며, 인종으로 나누며, 더 나아가 무엇을 가졌는가로 나눈다. 당신이 가지려는 것이 반드시 필요한 것인가? 그렇다면 이러한 세상을 살아가는 그리스도인들은 자신들을 진짜 그리스도인이라고 여길 수 있는 근거가 무엇일까?

혹시, 교회를 열심히 다니면 진짜 그리스도인이 된다고 생각하는가?
또는, 성찬식 때 목사님께서 나눠 주는 떡과 포도주를 꼬박꼬박 받아먹었으니까?
그것도 아니라면, 설교 때마다 가슴 짠하게 들리는 인간에 대한 연민이나 반성?
혹은, 집안 대대로 모태 신앙이라고?
십일조를 꼬박꼬박 내며 교회의 직분을 가지고 있다고?
교회의 모든 예배에 참석하여, 기도를 드린다고?
어쩌면 강력한 영적 체험을 했다고?
아님, 성령의 은혜로 말미암아 병을 치유 받았기 때문에?

교회에 앉아 있다고 모두가 구원 받은 사람이 아니라는 것은, 암묵적인 비밀이 아닌가? 하나님 아버지를 끊임 없이 입에 올리는 장로님이나 권사님, 교사, 혹은 윤리나 도덕, 율법을 강조하면서 하나님만을 찬양한다고 언제나 침을 튀기면서 말씀하시는 목사님을 진짜 그리스도인이라고 말하지 말자.

모두가 그는 진짜 그리스도인이라고 말해도, 그를 지으신 이가 아니라 한다면 그는 진짜가 아니다. 모두가 저런 이가 어찌 그리스도인일 수가 있는가? 라고 말하여도 마음의 중심을 아시는 하나님께서, 그를 지으신 이가 그가 진짜 그리스도인이라고 한다면 그는 하나님의 자녀인 것이다.

"나더러 주여 주여 하는 자마다 천국에 다 들어갈 것이 아니요" (마태 7:21)

그렇다면, 진짜 그리스도인이라는 증거를 찾을 수는 없는 것일까? 다른 사람의 눈으로는 확인할 수가 없다. 심지어 자기 자신도 스스로를 속일 수가 있다. 아니, 자기는 자신을 속인다.

"믿습니까? 믿으시면 아멘~ 하시기 바랍니다. 이제 여러분은 믿음으로 구원을 얻으셨습니다!"
믿음은 이런 강요로 이루어지는 것이 아닌데, 많은 사람들이 이런 착각 속에 빠져 있다. 길거리 전도에서 그저 믿기만 하라는, 말로 강요당하기도 한다. 믿음은 단순하지 않다. 하나님께서는 문득, 택하신 백성에게 찾아오시지만 모두가 이렇게 강요된 입술의 고백으로 구원을 받는 것은 아니다. 신앙은 누군가가 보장해 주는 것이 아니다.
이는 신앙이라는 것이 지극히 개별적이며 개인적인 것이라 그러하다. 하나님과 나와의 친밀한 관계, 예수 그리스도와 나눈

사랑으로 알 수가 있는데, 이는 진정으로 사랑하는 자만이 알 수가 있다.

이러한 구원을 받았다는 확신과 더불어 내면의 평안과 감사와 기쁨이 있다. 태풍이 불어 닥쳐서 내가 탄 배가 금세라도 침몰할 것만 같은 위기의 상황에서도 기도하고 있으면 평안이 임한다. 값싼 위로에서 오는 평안이 아니다. 문제의 해결을 담보로 한 평안도 아니다. 인간으로서 가지는 담대함이 아니라 하늘에서 오는 담대함으로 내면 깊숙한 평안이다. 예수를 의지하여 구원 받은 자에게서는 반드시 이 증거가 있다. 이는 그리스도께서 주시는 것이라 그러하다. 기쁨과 감사도 마찬가지이다.

이제 왓슨의 글을 빌려 하나님께서 주시는 영적 기쁨과 감사를 증언하겠지만 가장 먼저는 '돌아섬' 즉, 회심이다. 이를 왓슨의 언어로 말하자면, '소극적 성화'이다. 칭의 이전에 일어나는 성령의 역사이다.

이 책은 진짜 그리스도인에 대해서 말할 것이다. 왜 그러한 과정이 필요한지에 대해서도 설명하고자 한다. 이러한 과정이 우리에게 있어야 할 어떤 것을 찾아가는 과정이 되기를 원한다. 또한 진짜 그리스도인들의 삶은 어떠한지에 대해서 들여다볼 것이다.

두 번의 거룩함

칭의라는 말은 기독교에서 쓰는 용어인데, '의롭다고 칭함을 받다'라는 뜻이다. 즉, 원래는 의로운 사람이 아닌데 그리스도로 인해서 의롭다고 칭함을 받았다는 의미이다. 성화란 '거룩하게 되다'라는 뜻이다. 그리스도의 영이 임한 자들은 그 내면이 변화가 되어서 거룩해진다는 것이다.

'또 미리 정하신 그들을 또한 부르시고 부르신 그들을 또한 의롭다 하시고 의롭다 하신 그들을 또한 영화롭게 하셨느니라' (로마서 8:30)

왓슨에게는 두 가지 성화가 있다. 소극적 성화와 적극적 성화이다. 칭의 이전의 성화가 소극적 성화이다. 이는 구원 전 회심이다. 칭의 이전에 일어나는 성화를 회심이라고 한다면, 구원 받은 이후의 회심과 구별할 필요가 있기 때문에 칭의 이전에 성령의 임재하심으로 일어나는 변화, 즉 돌이킴이라서 성화라고 말한다.

칭의 이전에 성화라 함은 언뜻 신율법주의를 떠올린다. 예수님의 도움 없이 자기의지로, 열심히 노력한 결과 거룩해져서 구원을 받는다는 뜻으로 해석되기도 할 터이니까. 즉, 먼저 선한 행위가 있어야 구원에 이른다는 느낌이 든다. 하지만 그런 의미의 선행이 바로 구원과 이어지지 않는다.

왓슨이 말하고자 하는 칭의 이전의 성화는 거룩한 회심을 말한다. 죄인에게 의롭다고 하실 수는 없다. 죄인에게 필요한 것은 자신의 죄를 깨닫는 과정이라 그러하다.

우리의 구원은 언제나 예수님을 통해서 이루어진다. 우리가 예수님을 믿음으로 우리에게 구원이 주어지는 것이다. 구원이란 우리가 그리스도의 의로움을 전해 받는 것이며, 그 덕분으로 거룩해진다는 것을 말한다. 그렇다면 의롭게 되고 그 다음으로 거룩해져야 하는 것이 순서상 옳다.

그러나 왓슨은 의로움 이전에 하나님께서 성령을 통해서 회개의 영을 먼저 주셔서 인간은 회개를 한 뒤에 의로움을 받게 된다고 주장한다. 이러한 의로움이 있고 난 이후에 점차로 거룩한 인간이 되어간다. 이때에 주어지는 것이 기쁨과 감사, 평안, 구원의 확신이 있다. 이는 모두 하나님께서 주시는 것이다.

하나의 예를 들어보면, 한때 기독교 관련 영화로 유명했던 '밀양'(2007)을 가져와서 접목시켜 보자. 주인공 신애는 남편도 잃고 피아니스트가 되고 싶었던 꿈도 잃었다. 그는 아들과 함께 남편의 고향인 밀양에서 살기로 하였다. 상처 입은 영혼은 교회로 끌리게 되고, 기도회, 교회 집회 등에 참여하면서 스스로 믿음을 얻었다고 생각하게 된다.

이 영화는 교회에 다녀본 사람이라면 누구나 혹할 정도로 묘사가 치밀했다. 신애의 교회 생활 적응도 잠깐, 신애의 아들이 납치되고 죽임을 당한다. 인간에게 내려질 수 있는 가장 가혹한 형벌이었다. 신애는 범인을 미워하다가 어느 날인가, 용서라는 것을 해야겠다고 결심하게 되고, 범인을 찾아가 용서하겠다고 말하려는 순간에, 범인은 교도소에서 하나님을 만났고, 자신은 이미 용서를 받았다고 말한다.

영화 '밀양'은 조금은 극단적인 이야기로 한 인생 안에서 '믿음' '구원' '용서'를 다 만날 수 있지만, 관객은 신애의 신앙생활 안에서 구원이나 용서나 믿음은 보이지 않는다는 것을 알아차린다.

　우리의 입술 위에 늘 올리는 구원이라는 언어는 사실, 스스로가 죄인이라는 자각이 우선시 되어야 한다. 주인공 신애는 밀양으로 내려오기 이전에 이미 상처 입은 영혼이었다. 상처 받은 영혼은 위로 받고 싶었고, 위로 받을 수 있는 곳을 찾았다.

　사실 우리의 인생이 신애와 별반 다르지 않다. 다만, 인생 전체를 놓고 가장 귀하고 값진 보물인 '구원'이라고 하는 것이 단박에 얻어지는 것 같지만, 순식간에 삶이 완전히 달라지고 온전히 확 변하게 되는, 뭐 그런 것은 없다.

　칭의란 죄를 용서 받는 것이며, 용서 받은 영혼에 그리스도의 의가 전가되는 것을 말한다. 칭의를 받았다고 하는 것은 이제 죄가 용서 받아 없어졌다는 것이며, 오직 그리스도의 전적인 은혜로 말미암아 사람이 아닌, 하나님의 의가 구원 받은 죄인에게 임해졌다는 것이다. 이 과정에서 우리는 구원을 얻었다는 것을 인지하고 깨닫게 된다.

　그렇다면 용서 받기 이전에 용서를 구하는 행위가 있어야 하지 않겠는가? 구원에는 자신의 죄를 인식해야 하는 과정이 반드시 필요하다. 주님은 죄인의 돌이킴이 없이 의롭다고 여겨 주시지 않는다.

　그렇다면 신애와 범인이 얻었다고 하는 죄의 사함을 우리는 어떻게 받아들일 수 있을까? 신애는 교회에 열심히 다녔으며,

신앙생활을 열심히 했다. 범인은 교도소에서 전도를 받아 자신이 죄인임을 받아들였고, 죄의 사함을 얻었다고 주장한다. 가시적인 현대 교회의 틀 안에서 바라보면 이 둘의 주장은 틀리지 않다. 그들은 자신이 구원 받았음을 스스로 고백했다.

우리가 흔히 아는 길거리 전도를 생각해보라. '사영리'에 대해서 간단히 설명을 해 주고 받아들이겠느냐고 묻는다. '아멘' 하라고 한다. 그리고 '영접기도'를 한다. 이제 구원은 이루어진 것이라고 말한다. 나도 전도사 시절에 그런 전도를 했었고, 처음 만난 이들에게 영접 기도를 해주곤 했다.

하지만 이것이 진짜 전부일까? 물론 그러한 길거리 전도 덕분에 하나님을 믿게 된 이도 있을 것이다. 그 이후로 교회 근처에 가보지도 않은 이들도 있을 것이다. 또 어떤 이는 자신이 구원을 받았다는 착각에 빠져 교회 생활을 하고 있을 것이다. 겉으로 보기에 은혜를 빌미로 한 구원은 참 너그럽고 쉽다. 어떤 신학자는 교회의 부흥이 이제 브랜드화 될 것이라고 한다. 대형마트에서 받는 서비스는 시장에서 장을 보는 것과 차원이 다르다. 교회 서비스도 마찬가지이다. 교육 서비스, 법률 서비스, 결혼 서비스 등등. 이왕이면 다홍치마라고 기왕에 받아야 할 서비스라면 내가 속한 교회에서 소비하는 것이 믿을 만하다고 생각할 지도 모른다. 이제 교회 안에서는 온갖 명목들의 장사치들이 모여들고, 하나님보다는 서비스를 위해 오는 이들이 점점 더 생겨나고 있다. 이를 부흥이라고 부를 수 있을까? 교회는 청함을 받은 자들과 택함 받은 자들의 생명을 담보로 장사를 하겠다는 의지를 드러낸 셈이다. 주 예수 그리스도의 보혈의 십자가가 장사치들에게 팔려나가는 꼴과 무엇이 다른가. 예수님은 성전에서 장사하는 이들을 다 쫓아내셨다. (요한 2:12-16)

  우리의 고민은 이제부터다. 신애는 어떻게 될 것인가. 이 영화에서 말하는 구원은 교회가 아니라 사람이다. 상처 입은 영혼을 달래기 위해서 허공에 대고 찬양을 하고, 부르짖는 기도를 하고, 교회에 꼬박꼬박 출석하지만 구원은 이루어지지 않았음이 드러났다.

  우리 기독교인들의 입장에서 이 영화가 말짱 거짓말이라고 진심으로 말할 수 있겠는가. 하나님의 사역을 우리의 생각이나 사고, 교리나 기도, 혹은 예배 의식이나 전통으로 가둘 수는 없다. 그러나 신애의 몸부림이나 유괴범의 죄 사함에 대한 담대한 고백을 우리는 고민해 볼 필요가 있다. 이 문제는 우리의 영생과 직결된 구원에 관한 문제라서 그렇다.

의로움과 거룩함의 재발견을 위해

  영화 '밀양'이 보여준 것처럼 많은 신자들이 자신이 구원 받은 자라는 것을 어떻게 알 수 있는지를 모른다. 자칫 습관화된 종교 생활에 몰두한 채로 진정한 신앙을 잃어버리고 살고 있는 것은 아닌지를 고민해야 할 때이다. 가야 할 길을 알고 가야 목적지에 제대로 도착할 수 있음을 우린 안다. 우리가 놓쳐버린 것들, 마음에 안식을 위해서 신앙생활을 하는 것은 아닌지 돌이켜 볼 때이다.

이 책은 17세기 영국 청교도 토마스 왓슨의 저서를 통해서 칭의와 성화를 재발견하고자 한다. 구원을 받는다는 것은 어떠한 것이며, 구원을 받은 자의 표지는 어떠한 것인지를 토마스 왓슨은 학자적 관점이라기보다 목회적 관점으로 접근하였다.

초대 교부들과 종교 개혁가들, 그리고 칼빈과 이후의 청교도들이 칭의와 성화에 대해서 어떻게 말하고 있는지에 대해 살필 것이다. 4세기 교부인 아우구스티누스와 루터의 칭의론과 성화론은 다르다. 루터의 주장은 이신칭의로 구원 받는다. 신자의 믿음만으로 예수 그리스도의 의로움을 전가 받는다. 아우구스티누스는 신자 스스로가 의로워짐으로 구원을 받는다. 즉, 아우구스티누스의 칭의론은 신자의 삶 전체의 변화를 통한 구원인 셈이다.

칭의와 성화의 토대는 사람의 죄와 하나님의 언약이다. 죄로 인해 인간은 타락하였으며, 죄에서 용서받는 것이 칭의이며 죄를 극복하고자 하는 것이 성화이다. 이러한 칭의와 성화가 허락된 것은 신자와 하나님 사이의 언약 때문이다.

왓슨은 목회자로서 신자들에게 거룩하게 살기를 주문한다. 이는 신자들의 실제적인 변화를 의미한다. 이에 근거하여, 다소 의아스러울 수 있는, 칭의 이전에 일어난다는 성화에 대해서 논의하고자 한다. 칭의는 그리스도의 의의 전가이다. 그리스도의 의로움이 부어진 신자에게는 거룩한 삶의 변화가 일어난다. 하지만 왓슨의 성화론에는 두 번의 성화가 일어난다. 그리스도의 의로움이 신자에게 도착하기 이전에 착한 삶을 산다고 함은, 자칫 신자가 자신의 노력을 통해서 구원에 이른다는 의미로 해석되기 일쑤이다. 인간의 노고와 노력의 가치로 인해서 구원에 이른다고 한 이단들이 얼마나 많은가? 그러나 왓슨이 말하는 칭의 이전에 일어나는 성화는 죄의 각성이다. 이를 왓슨은 성화의 소극적 부분이라고 말한다.

　성화 우선성 논쟁에서 나타나는 유효한 소명의 역할, 칭의와 성화의 동반자적 관계, 구원의 서정에서 나타나는 회개의 문제는 왓슨의 소극적 성화를 지지해 줄 것이다. 우리가 흔히 반대적 의미로 생각하는 율법과 복음은 하나님의 영의 사역이다. 율법은 우리가 어떠한 죄를 지었는지를 밝히 보여주고, 이를 통해서 우리는 회개할 수 있다. 복음은 그리스도의 대속을 통한 구원을 말한다.

　왓슨은 택함 받은 백성이 어떻게 살아야하는 지를 우리에게 가르쳐 준다.

각 장별 둘러보기

　청교도들은 칼빈의 전통을 잇는다. 17세기 영국 청교도들은 칭의와 성화에 관하여서 거의 같은 맥락이다. 그리스도의 의의 전가로 인한 구원에 있어서 이들은 가톨릭과 알미니안주의 또한 반율법주의와 신율법주의와 논쟁을 하는 과정에서 칭의와 성화를 더욱 굳건하게 만들었다.

루터 칭의론의 한계가 칼빈의 칭의론에서 보완된 점을 토마스 왓슨의 칭의론과 성화론을 통해 발견된다. 칼빈의 그리스도와의 연합이 왓슨의 칭의와 성화에 직접적인 영향을 미치게 된다. 이는 내면의 변화를 일으키는 주요 요인이다. 왓슨만의 성화론은 특별히 실제적이며 실천적이라는 데에 의미를 둔다. 왓슨은 칼빈의 뒤를 이어서 경건을 강조하며, 선행의 실천과 영적인 삶을 살라고 가르쳤다.

이 책에서는 종교 개혁가의 기둥인 루터와 칼빈의 칭의와 성화의 차이점과 보완점을 17세기 영국 청교도인 왓슨의 칭의과 성화를 통해 살펴나갈 것이다. 칭의와 성화의 토대를 비롯해서 왓슨의 책들을 통해서 그의 칭의론와 성화론이 어떻게 나타나는가를, 율법과 복음의 관계성, 그리고 실천적 방안까지 살펴볼 것이다.

무엇보다도 왓슨의 특이점인 '소극적 성화'에 대한 논의에 중점을 두었다. 왜 이러한 칭의와 성화가 왓슨의 시대에 필요했는가를 밝히기 위해서이다.

이는 21세기를 살아가는 그리스도인들도 고민할 수밖에 없는 문제이다. 눈에 보이지 않는 칭의는 눈에 보이는 성화를 통해서 구원 받았음을 확인한다. 이는 왓슨의 시대나 오늘날이나 변함이 없다.

왓슨의 칭의는 죄의 용서와 믿음을 통해서 얻어진 그리스도의 의의 전가이다. 왓슨은 성화를 구원에서 작용하는 은혜의 원리라고 한다. 그는 성화를 소극적 부분과 적극적 부분으로 나눈다. 실천적 삶을 목적으로 하는 목회자적 관점이다. 왓슨이 소극적 성화를 칭의 이전의 성화에 일어난다고 말하는 것은, 성령의 역사하심을 강조하기 위해서이다. 회개가 없는 믿음은 없다. 우리가 구원을 이룬다고 말할 때, 구원을 이루시는 이는 하나님이시라는 점을 우리는 자주 잊는다.

죄에 대한 자각 없이 칭의는 없다. 회개는 과거와의 단질이며, 거듭난 이에게 드러나는 성령의 역사하심이라는 사실을 우리는 기억할 필요가 있다. 이러한 과정을 논의하기 위해서, 구원의 요소 중에 일부분인 유효한 부르심과 그리스도의 연합에 대해서 살핀다.

성화가 무엇보다 중요했던 청교도들은, 결과적 조건이라는 의미를 통한 원인과 결과로 칭의와 성화의 관계를 설명한다. 그러나 왓슨은 칭의와 성화는 동반자의 관계라고 말한다. 이는 동시성과 필연성을 통한 죄로부터의 정화이다.

성화의 소극적 부분의 정당성을 주장하기 위해서 청교도 사이에서 벌어졌던 성화 우선성 논쟁을 살폈다. 논쟁에서 '소질(素質)'(그리스도의 의의 주입)이란 표현이 성화라는 것을 알게 될 것이다.

또 다른 논의로, 여러 신앙고백서와 구원의 서정 안에서 회개와 칭의와 성화, 칼빈과 왓슨의 구원의 서정을 비교할 수 있다.

칭의와 성화에서 율법과 복음은 서로 연관성이 있다. 구원 안에서 율법을 통해서 신자는 자신의 죄를 깨달을 수가 있다. 율법과 복음은 성령 사역이다. 왓슨은 율법폐기론자들을 비판하면서 율법의 필요성을 역설한다. 칭의와 성화가 구원의 중요한 요소라면 율법과 복음도 구원에 핵심적인 요소인 셈이다.

왓슨은 하나님의 인간에 대한 사랑과 인간의 하나님에 대한 사랑을 계명을 주신 하나님과 순종하는 인간으로 말하고 있다. 즉, 하나님과 인간의 관계는 성화의 실제적 행위에서 드러난다. 명령과 순종은 하나님과 인간의 관계 표현이다.

마지막으로 왓슨의 거룩하게 사는 법에 대해서 알아보고자 한다. 그의 가르침은 오늘날에도 도움이 될 것이다.

신학이란, 하나님을 향한 신자들의 참된 삶을 가르치는 학문이다. 토마스 왓슨은 이러한 참된 삶을 그리스도와의 연합을 통한 의의 전가(칭의)와 의의 분배(성화)를 통해서 밝히고 있다.

구원은 회심에서 시작된다

하나님은 당신이 선택한 백성에게 찾아오실 때 은밀하고도 내밀하게 오신다. 주님의 영은 격렬하게도 오시지만 온화하고 평화롭게 오시기도 한다. 구원을 받은 자들의 첫 번째 징후는 죄와의 대면이다. 정직한 대면이 이루어지면, 누구도 그 죄를 감당할 수 없다는 것을 알게 된다. 울어도 소용없고, 도망을 칠 수도 없다. 죄는 곧 나 자신이라는 것이 알아지기 때문에, 죄가 내면 깊이 누누이 흐르고 있음이 저절로 깨달아진다.

  왓슨의 소극적 성화는 칭의를 받기 전 성령의 개입이 일어남을 말한다. 죄의 고백이 있기 전에 용서해 달라는 외침이 있기 전에, 주님이 아니시면 그 무엇도 할 수 없다는 고백이 있기 전에, 제발 저를 이 죄에서 이끌어내 주십사 애원하고 통곡하고, 그 더러운 옷을 벗어버리고 싶어 하나님만을 붙드는 순간에 우리의 칭의는 일어난다.

  이 때, 성령 사역은 죄인을 깨끗한 물에 비추어 자신의 죄를 낱낱이 늘여다보게 하는 과정이다.

  나 또한 그러한 과정을 겪어봐서 안다. 영화의 필름이 빠르게 지나가면서 내가 행한 것들이 드러나기 시작하는데, 오호, 나의 오장육부가 뒤틀리는 경험을 말로다 표현할 수 있을까. 제발 그 죄에서 벗어나게 해 달라고 애원하며 통곡하며, "주님 정말 잘못했습니다."라는 말만 눈물과 함께 쏟아냈던 날이 있었다. 도무지 내가 어떻게 할 수 있을까. 무슨 수로 이런 더러운 죄 속에서 벗어날 수 있을까 하는 간절한 마음뿐이었다.

  이러한 과정이 있어야만 이제 의롭다 하심과 영화롭게 하심이 이어질 수 있다.

  토마스 왓슨은 이를 '소극적 성화'라고 말했다. 칭의 이전에 일어나는 성화라고 한다면, 성화라고 표현된 부분 때문에 마치 인간의 노력으로 구원을 얻을 수 있다고 믿는 신앙을 연상시킨다. 하지만 이는 그것과는 완전 다르다. 그렇다면 '회개'라고 말하거나 '회심'이라고 말하면 될 것을 '성화'라고 표현할까?

하지만 '부르신 그들을 의롭다 하시며'(로마서 8:30)라는 성경의 구원의 과정을 본다면 '부르신 그들'이라는 부분이 가장 중요하다. 왜냐하면 성경의 중심은 '누가 행하는가', 즉 '누가 주체자'인가의 문제를 지나칠 수가 없기 때문이다.

주체는 하나님이시다. 불러 주셨기 때문에 인간은 알아챌 수 있으며, 깨달을 수 있으며 행동할 수 있다. 물론 이러한 인간 행위의 계시도 성령의 강권하심이 그 배경이다.

불러주신 이가 맨 처음 하시는 일은 사랑하는 자를 깨닫게 하시는 과정이다. 그는 죄에 묻혀 자신의 상황을 분별하지 못하여 거대한 짐을 왜인지도 모른 채로 이고지고 살아가는 중이었다.

구원의 핵심 요소라 할 수 있는 칭의와 성화의 배경에는 죄와 언약이 있다. 인간의 죄를 용서해 주시는 하나님의 약속이 없었다면 신자에게 구원은 없다.

01.

인간은 하나님의 약속에 따라
구원을 얻게 된다

사람의 죄
하나님의 형상을 따라 지음 받다
아담의 죄책 전가
원죄와 자범죄
왓슨의 죄의 해악
죄에서 구원으로
하나님의 약속
행위언약
은혜언약

사람의 죄

청교도들이 대부분 그러했듯이 왓슨에게 죄는 아주 중요하다. 죄 용서는 왓슨의 성화 사상의 핵심이다. 죄 용서가 없으면 칭의가 없다. 왓슨에게 하나님의 용서와 인간의 회개는 성화에서 특별한 의미를 차지하는데, 그 토대가 되는 것이 '죄'이다.

신자들은 성화를 체험하지만 현세에서 죄 없는 완전성은 체험하지 못한다고 칼빈은 아우구스티누스와 암브로시우스의 주장에 근거하여 말한다. 신자들도 비록 성령의 지배를 받고 있긴 하지만 여전히 죄인이란 말이다.

아담의 실정법 위반으로 인류는 타락의 길을 걷게 되었다. 타고난 부패의 상태에 놓이게 된 것이다. 이는 수동적이며 능동적이다. 죄는 육체적이고 실제적으로 신자 속에 남아 있으며 원죄는 자범죄를 꾸준히, 그리고 연속적으로 일으킨다. 죄와 율법은 불가분의 관계여서 율법은 이러한 죄를 항상 드러낸다. 죄가 있는 곳에는 반드시 율법이 있다. 구원의 본질적이고 최종적인 의미가 죄에서 자유함이라고 한다면, 죄를 알아야 자유함에 이를 수 있다면, 율법이 구원을 이루기 위해서 필요하다는 것도, 그리스도인은 삶 속에서 기억해야 할 것이다.

하나님의 형상을 따라 지음 받다

청교도 신학자들은 인간이 태초에 지음을 받았을 당시에는 죄를 다스릴 수 있는 능력이 있었다고 한다. 아담은 자신의 죄를 다스릴 수 있는 능력이 있었다는 의미이다. 아담은 현대인과는 달랐다.

아담과 하와는 하나님의 형상을 따라 지음 받은 자였지만 하나님과 같은 완전한 자는 아니었고 그들은 하나님께서 명령하신 것에 순종하지 않았다. 그들은 불순종의 결과로 생명을 잃게 되었던 것이다.

17세기의 대다수 개혁파 신학자들은 "아담이 자연 언약(foedus naturae)으로도 불리는 행위언약(foedus operum)속에 두어졌다"라고 말했다.

왓슨은 아담이 온전히 거룩했고 마음이 정직했고 선을 행할 자유의지를 가지고 있었지만 그의 머리는 그 자신과 인류의 사망을 고안해내기까지 분주하게 움직였다. 그는 많은 꾀를 추구했던 것이다. 즉, 아담의 타락은 '자발적인 것'이며 '타락하지 않을 능력'(posse non peccare)을 지니고 있었던 거다. 아담의 '자유의지'는 유혹을 거부하기에 충분한 방패였고 마귀는 그의 동의를 얻지 않고서는 아담을 강제할 수 없었다. 무죄하고 온전했던 아담은 자유의지를 통해서 하나님의 명령에 불순종했다. 그는 그렇게 죄에 오염되었다.

아담의 죄책 전가

아담 죄책의 직접적 전가에 대한 한 가지 중요한 논증은 '공적(대표)인간'인 아담의 지위였다. 하나님의 지정을 통해 아담과 그리스도는 각각 자기들에게 속한 사람들을 대표한 언약 곧 행위언약(아담)과 구속언약(그리스도)에 따라 공적 인간이 되었다. 이는 로마서 5장에서 말하는, 한 사람은 죄를 세상 속에 들어오게 했고, 다른 한 사람은 죄를 제거시켰다는 말씀을 뒷받침한다.

왓슨은 한 방울로 바다 전체를 오염시킬 수 있는 독약이라면 얼마나 지독한 독이겠으며, 마찬가지로 온 인류를 타락시키고 저주받게 한 아담의 범죄는 참으로 치명적이라고 했다. 그러나 이 저주는 우리를 위해 저주가 되신 한 사람에 의해 제거되었는데 이는 그리스도이시다. 아담의 죄의 전가와 그리스도의 의의 전가에 대해 간단하게 비유한 것이다.

왓슨은 아담의 죄가 우리의 죄가 된 까닭을 두 가지로 정리하는데, 전가와 유전이다. 고대의 펠라기우스주의자들은 아담의 범죄는 전가가 아니라 모방을 통해서만 후손들에게 해를 끼친다고 주장하였지만 성경은 "그 안에 모든 사람들이 죄를 범하였으매"라고 말씀하고 있다. 또한, 아담의 죄악은 유전을 통해 우리의 것이 된다. 아담의 죄책만 전가를 통해 우리 것이 될 뿐만 아니라 그 본성의 타락과 부패도 우리에게 옮겨지는 것이니, 이는 마치 독이 샘으로부터 물통으로 옮겨지는 것과 같다. 이것이 바로 원죄(原罪)이다.

원죄와 자범죄

죄에 대해서 가장 빠르게 그리고 쉽게 인정하는 곳이 교도소라고 한다. 나도 편지 선교를 한 적이 있는데, 죄에 대해서는 그곳에 계신 분들은 무조건 긍정한다. 덕분에 교도소는 다른 곳보다 전도하기가 쉬운 곳이라는 얘기를 들은 적이 있다. 교도소는 죄를 지은 자들이 모인 곳이라고 모두가 생각하고 재소자들도 그렇게 생각한다. 그렇다면 교도소 담장 밖에 사는 일반인들에게 '당신은 죄인이다' 라고 한다면 그들의 반응은 어떠할까?

또한, 우리는 죄에 대해서 얼마나 알고 있을까. 신자는 죄에서 구원을 받았다고 스스로 믿는다. 그것이 믿음이라고 그는 배웠다. 그러나 구원 이전에 있어야 할 일이 있다. 신자는 자신이 죄인임을 인식해야 한다. 깨달아야 한다. 자신이 도무지 살 가망이 없다는 것을 깨달아야 구원에 대한 소망이 생기는 것은 너무나 당연한 말이 아닌가. 자신이 죽었는데, 죽은 지도 모른다고 생각해 보라.

원죄에 대해 왓슨은 이를 "옛사람"이라 표현한다. 이는 아름다움을 시들게 해서 하나님이 보시기에 흉하게 만들어 버렸기 때문이다. 또한 원죄는 죄의 법이라고 표현할 수 있는데 이는 종속된 사람을 묶는 강제력을 지니고 있다는 의미이다.

왓슨에 의하면 원죄에는 결핍의 측면과 적극적인 측면이 있다. 결핍의 측면은, 원래 우리 소유가 되었어야 할 의가 상실되었다는 것이다.

원죄는 우리 본성의 근원을 오염시키고 아름다움이 변하여 문둥병으로 바꾸었으며 우리 심령의 창창한 광채를 한밤의 어둠으로 바꾸고 말았다. 이제 원죄는 우리의 제2의 천성이 되고 말았다. 인간은 본성상 죄짓지 않을 도리가 없게 되었다. 유혹하는 마귀나 모방할 만한 실례가 없다 할지라도 인간 속에는 죄짓지 않고는 견딜 수 없게 하는 본유적인 요소가 존재한다.(벧후 2:14) 마치 다리를 저는 말이 절뚝거리지 않을 수 없는 것과 마찬가지로 죄를 멈출 도리가 없다. 이렇듯, 원죄 안에서는 선에 대한 반감과 악을 행하려는 성향이 있다.

왓슨은 원죄의 본질에 대해서 여덟 가지로 정리한다. 즉, 보편성, 고착성, 예배를 드리지 못하도록 방해, 종종 예기치 못하게 분출되어 나온다는 점, 우리의 직무와 미덕들과 혼합되어 있다는 점, 원죄는 우리 속에서 강력하고 활발하게 작용하며, 죄 짓도록 자극하고 충동질 하는 것, 원죄는 모든 실제적 범죄의 원인, 원죄는 이생에서 완전히 치유되지 못한다는 점이다.

태중에 두 민족이 들어있는 것이다.(창 25:23) 원죄는 다니엘의 나무와 같아서 가지와 몸체는 베임을 당했지만 그루터기와 뿌리는 남아 있다. 성령은 부단히 성도들 속의 죄를 약화시키고 잘라내지만 원죄의 그루터기는 그대로 남아있다. 그것은 이생에서 결코 마르지 않을 바다와 같은 것이다.

그는 다시, 원죄가 바로 은혜의 습관들과 섞인다는 것을 경고한다. 우리의 의지와 감정이 부패되었다는 것을 슬퍼해야 한다. 왓슨에 따르면 우리의 의지가 악에 치우쳐 있어 올바른 이성의 계율을 따르지 못하는 것이며, 또한 우리의 의지가 하나님을 따르기 싫어하는 이유는 하나님의 거룩성 때문이라고 했다.

왓슨의 죄의 해악

왓슨은 죄에 관해 자신의 저서 「죄의 해악」에서 죄가 인간을 어떻게 인도하는 지에 대해 4가지 주제로 말한다. 이는 '죄로 인한 인간의 비참함', '죄인들의 절망', '마지막이며 위대한 변화', '지옥의 형벌'이다. 그는 이렇게 죄에 대해 집요하게 설교하면서 권면한다. 그가 살았던 시대적 상황을 바라보면서 죄로 인해 잠든 자들을 흔들어 깨우고자 하는 간절한 심정이 담겨 있다.

죄로 인한 인간의 비참함
죄는 언제나 옮겨 다니는 습성이 있다. 개인에서 공동체로 죄는 옮겨 다닌다. 교회와 지역사회를 파괴하고 더 나아가 나라까지 비참하게 만든다. 죄로 인해 인간은 총체적 위기에 빠진 것이다.

인간이 죄에 빠지는 가장 극명한 순간은 자신이 하나님보다 높다는 의식을 가지면서부터이다. 도시와 국가를 낮추게 만드는 죄는 자부심에서부터 온다. 특히 영적자부심이 생기는 순간 인간은 스스로 나락으로 빠져들게 된다.

반대로 하나님의 은총은 자신의 비참함을 깨달아 낮아지면서부터다. 하나님의 은총은 우리의 나약함과 연약함에서부터 온다. 그러나 신자는 교만을 은총이라고 여기게 되는데 교만이 죄라서 자각하지 못하는 탓이다.

우리는 자신의 나약하고 불완전함을 발견해야 한다.

죄가 우리를 이렇듯 낮아지게 하는 원인은, 부유함, 가족 예배의 방치, 언약의 위반, 복음의 남용, 탐욕, 여유의 죄, 부도덕성, 형제에 대한 적대감 등이 있다. 이러한 죄는 은총과 큰 차이점을 드러내는데, 은총은 목적과 그 행하는 일을 높이며, 은총 받은 자의 명성을 높이며, 사람의 가치를 높이고, 사람의 특권을 높인다. 이를 이 땅에 내려온 변장한 왕자와 같다고 왓슨은 표현한다.

죄인들의 절망

인간들이 계속 죄를 짓는 이유는 하나님을 경멸하기 때문이라고 왓슨은 말한다.

죄는 악의 정수이지만 죄인들은 이미 눈이 어두워져서 악을 보지 못한다. 죄인들은 고집이 세고 그 마음이 단단하다. 덕분에 그들은 죄를 차곡차곡 모은다. 처음에는 죄 앞에서 여린 마음으로 두려워하지만 점점 주의 영을 거부하고, 완악한 상태에 이르게 된다.

이성과 양심은 죄수처럼 묶여 있으며, 이들은 기도하지 않는다. 물론 이들이 마음으로 입으로 기도를 하지만, 이들의 죄는 계속된다. 하나님께서는 그들의 기도가 아니라 그들의 죄를 들으신다.

마지막이며 위대한 변화

죄인들이 죽음을 기억한다면 죄를 멈추지 않을까, 하는 마음으로 왓슨은 변화에 대해서 말한다. 임박한 죽음 앞에서 생각의 변화, 육신의 변화, 죽음 이후 영혼의 변화가 있다. 즉, 죽음이 다가오면 과거에는 쾌락이 우선이었지만 이제는 두려움을 느끼게 된다. 그러나 구원을 받기에는 늦은 경우가 많다. 그리고 죽는 순간에 변화가 있다. 이는 몸의 변화이다. 이제 주검으로 인해 얼굴과 몸은 완전히 변해버린다. 마지막으로 죽음 이후의 변화이다. 이는 영혼과 관련이 있는데, 경건한 자에게는 축복이며 악인에게는 저주받은 변화이다.

그리고 이 변화는 반드시 올 것이다, 라고 하는 부분에서 왓슨은 참 현실적으로 설명한다. 죽음은 높고 낮음을 초월한다. 죽음은 태양의 운행보다 더하다. 죽음은 멈추지 않는다. 죽음은 뇌물을 받지 않으며, 죽음은 저항하지 않는다. 이러한 변화를 고민하는 자는 겸손할 것이며, 죄에 대한 해독제가 될 것이고, 세상에 대한 과도한 사랑을 치유하게 될 것이다. 우리의 마지막 변화에 대한 진지한 고민은 우리의 시간을 더 잘 보내게 할 것이다.

이제 우리는 이러한 변화를 기대하며 노력해야 한다. 그리스도

안으로 들어가기 위해서, 영적인 변화를 위해, 변화가 올 때까지 기다리며 그리스도의 신중함 안에 있어야 한다.

지옥의 형벌

이는 지옥의 고통을 말한다. 무조건적인 은혜 아래에서 어떤 죄를 지어도 신자는 아무런 해도 입지 않을 것이라는, 반율법주의적 관념은 왓슨의 '지옥의 형벌'에서 산산이 부서진다.

이 땅을 살아가는 수많은 신자들은 어떤 죄를 지어도, 용서를 받을 수 있을까?

왓슨은 어떤 죄인들은 다른 사람들보다 더 심한 고통을 당할 것이라고 했다. 처벌의 수위가 각자가 지은 죄에 따라 달라진다는 말인데, 죄의 종류에 따라 더한 고통을 받는 자가 있다는 것이다. 마지막 날에 불신 아래서 죽는 자들, 복음 아래서 변질되어 자라났지만, 더 나아진 것도 없는 자들, 믿음으로부터 떨어진 배교한 자들, 진정한 신앙에 냉소적인 이스마엘의 영성을 가진 자들, 부패한 글로 다른 사람을 왜곡하는 자들, 자신의 몸을 거룩한 성전으로 만들어야 하는데도 불구하고 부정의 그릇으로 만든 자들, 나쁜 모범을 보이면서 다른 사람들을 지옥으로 보내는 자들이다.

이를 통해 그는 하나님의 지극한 은혜 아래에서 인간이 어떻게 살아야 하는지를 말하고 있다. 이는 과거에도 그래왔으며, 현재에서도 우리가 어떻게 살아가고 있는지를 보여주는 현주소라 할 수 있겠다. 지금도 신자들이 짓고 있는 죄의 현재성을 왓슨은 경고하고 있는 거다.

죄에서 구원으로

　아담은 그 후손들에게 죄와 불행(Sin and Misery)을 유산으로 남겼으며, 이 중에 첫째 유산은 원죄이며, 두 번째 유산은 그 불행한 상태라고 말한다. 인간의 비참함 중에 하나는, 사탄이 인간을 무지의 길로 인도하는 것이라고 했다. 우리는 소경을 어디로든지 인도할 수 있다. 모든 죄는 무지 위에 기초를 두고 있는 것이다. 이러한 무지에서 빠져나올 수 있는 유일한 방법은 율법을 아는 것에 있다. 율법이 인간에게 필요한 것은 바로 자신의 상태를 들여다볼 수 있는 거울이 된다는 점이다.

　죄의 문제는 예수 그리스도의 죽으심, 즉 그리스도께서 주신 복음으로 해결된다. 하나님은 신자들을 그들의 죄에서 의롭게 하시지만, 죄인들을 정당화하시는 동일한 하나님이 우리 안에 있는 죄는 절대로 정당화하지 않을 것이다.

　죄 죽임의 교리는 도덕주의에 근거하지 않는다. 성령으로 말미암은 그리스도의 사역을 영화롭게 한다. 왜냐하면 성령은 죄를 죽이는 능력과 함께 그리스도의 십자가를 우리 마음으로 끌고 오시기 때문이다. 그리스도를 사랑하며 죄책이 치유되는 것이 칭의이고, 현세에서 그들의 죄의 지배권이 치유되는 것이 성화이다. 성화는 성령의 능력으로 말미암아 죄를 죽이는 것을 포함한다. 그리고 현세 이후에 하나님의 백성들에게 죄에서의 완전한 치유로 임할 복이 영화이다. 그때까지 신자들은 항상 죄를 죽여야 한다. 그렇지 않으면 죄가 그들을 죽일 것이다.

죄의식은 사유하는 은혜로써, 죄의 권능은 극복하는 은혜로써 하나님은 이들을 제거하신다. 이 병이 또한 죽음에 이르지 않는 것에 감사해야 할 것이다. 곧 하나님께서 당신의 성품을 변화시키시고 당신을 그리스도에게 접붙임으로써 그 감람나무의 달콤함에 참여케 하신 것과 비록 죄가 살아있지만 지배하지는 못하며 형뻘인 죄가 동생뻘이 되는 은혜를 섬기도록 섭리하신 것을 감사하라고, 왓슨은 말한다.(창 25:23)

죄에서 벗어날 수 있는 유일한 이유가 하나님의 약속이다. 택한 백성들에게 하나님은 언약을 선물로 주셨다.

하나님의 약속

성경에는 많은 인물들이 나온다. 이러한 인물들 중에서도 그리스도인들이 자녀를 낳으면 이름을 따라 짓고 싶어 하는 이들은 대부분 하나님과 관계가 좋은 이들이다. 구약에서만 예를 들어도, 아브라함, 야곱, 이삭, 모세나 다윗 등과 같은 인물들이다. 이들은 하나같이 하나님께서 친히 오셔서 약속을 주신 이들이다. 이들은 하나님께서 주신 약속을 붙들고 오직 믿음으로 자신의 사명을 감당하고 하나님과 함께 살아간다.

성경의 위대한 인물들은 모두 하나님과 언약을 맺는다. 구약의 언약은 마치 율법을 지켜야만 구원에 이를 수가 있다고 말하는 것처럼 생각하지만, 그들에게 율법보다 먼저 찾아와 주신 이가 하나님이시다. 이러한 은혜를 우리는 은혜 언약이라고 한다.

보통의 경우 그리스도의 대속 사역을 통해서 얻은 구원의 약속만이 은혜 언약이라고 생각하지만, 구약의 위대한 인물들이 자신의 구원을 위해서 어떤 행위를 했던 것은 아니다. 먼저 찾아와 주시고 약속을 맺으신 분은 하나님이시다. 또한 인간은 이러한 하나님의 약속에 순종하며 따랐다. 하나님은 이를 믿음이라 여기셨던 것이다. 인간이 어떤 행위를 해야 언약이 이루어진다고 생각한다면 그건 오산이다. 인간에게는 그럴만한 권위와 권세가 없다.

하나님의 약속은 오직 은혜이다. 이는 역시와 전통을 불문하고 현재진행형이다. 신자는 자신의 의로 결단코 구원에 이를 수가 없다. 성부 하나님의 뜻대로, 성자 하나님께서 그의 죄를 사하시며 내재하시고 연합하시며, 성령 하나님의 인도하심으로 우리의 구원은 이루어진다.

하나님은 영이시므로, 영으로 오신다. 인간에게도 영이 있다. 구원 받은 신자들에게 찾아오는 그리스도의 임재는 이러한 언약 사상이 그 배경이다. 오직 그리스도께서 십자가에 못 박히심으로 우리를 죄로부터 구원하여 주신 사건의 바닥에는 언약이 있었다. 십자가의 대속으로 구원을 받은 자들에게 향하는 하나님의 은혜 중에 은혜가 바로 이 언약 개념이다. 그리스도인들은 이를 잊어서는 안 된다. 자신의 의지로 선한 행위를 해서, 혹은 집안 대대로 기독교 집안이라서, 혹은 교회 직분이 높은 것과는 연관 지어서는 안 된다. 이 언약은 오직 한 영혼과 하나님과의 약속 맺으심이다. 이 약속은 너무나 소중한 실제적 진실이며 사실적 사건이다. 즉, '부르신 이를 의롭다 하시고' 에 해당된다.

토마스 왓슨에게 새로운 언약이란, 하나님과 타락한 인류 사이에 맺어진 엄숙한 계약으로, 주님은 이 계약을 통해 우리 하나님이 되시고 우리를 그의 백성으로 삼기로 하신 것이다. 그렇다면 왜 주님은 인간과 언약을 맺으셨을까. 그에 대한 답은 우리를 향하신 관용, 호의, 애정에서 비롯된 것일 뿐, 인간의 의로움이나 선행으로 이루어짐은 아니다. 또한 이 언약은 하나님께서 신자에게 존엄성으로 옷 입히신 것이라고 왓슨은 설명한다. 언약은 하나님의 백성과 이교도들 사이를 구별하는 표시이며 신자를 당신께 단단히 결속시키기 위함인데, 에스겔서에서는 이를 "언약의 끈"이라고 부른다. 하나님은 신자의 마음이 믿을 수 없다는 것을 아시기 때문에 언약으로 우리를 묶어두시려는 것이다.

존 오웬이 말하는 본질상 언약은 거룩하신 창조자와 그의 가난한 피조물 간의 어떤 확실한 목표와 목적을 위한 합의, 계약, 협정이다. 따라서 (그 목적은)사람이 하나님의 영광을 위해 창조자를 올바르게 섬기는 것, 창조자에게 복을 받는 것, 창조자를 영원토록 즐거워하는 것 외에 다른 것이 아니라고 말하고 있다.

이러한 하나님의 언약은 부모가 자녀에게 주는 선물과도 같은 것이다. 이 선물은 주는 자와 받는 자가 있어서 '쌍방적 언약'이라고도 불린다.

청교도들은 대부분 언약을 둘로 나누는데 간혹 셋으로 나누기도 한다. 언약을 둘로 나눌 때는 행위언약과 은혜언약으로 나누고, 셋으로 나눌 때는 구속언약이 하나 더 추가된다.

행위언약

왓슨은 행위언약에 관해서 이렇게 질문하고 답한다.

질문 12: 하나님은 처음 피조 된 신분을 유지하고 있을 당시의 인간에게 어떠한 특별한 섭리를 행하셨습니까?
답변: 하나님은 인간을 창조하실 때 그와 더불어 완전한 복종의 전제 하에서 생명의 언약을 맺으시고 선악의 지식을 알게 하는 나무의 실과를 먹지 못하도록 금하시면서 어길 시엔 죽음의 고통이 있을 것이라고 하셨습니다.

행위언약이란 아담과 맺은 하나님의 언약이다.
왓슨에 의하면 아담의 지위는 인류를 대표한다. 아담은 인류의 첫 사람이고, 하나님과 직접 대면한 인물이기도 하다. 그는 가히 공적인 인물이다. 아담은 무죄한 인물이다. 하나님은 아담과 그의 후손과 더불어 언약을 맺으셨다. 언약을 맺으신 이유는 우리들에게 하나님의 주권을 보여주시기 위함이라고 왓슨은 말한다. 하나님께서 아담에서 주신 약속은 '이를 행하면 살리라', '네가 정녕히 죽으리라' 로 나뉜다. 아담은 하나님과 약속에서 실패했다. 그러나 여기서 우리가 짚고 넘어가야 할 것은, 아담과 아담 이후의 인간의 능력이 다르다는 점을 알아야 한다. 아담은 우리와는 달리, 스스로를 지킬 수 있는 능력이 있었다. 그는 무죄했다. 왜냐하면 그는 하나님의 형상대로 지음 받았기 때문인데, 하나님의 법이 그의 마음속에 새겨져 있었다. 하나님은 아담을 '순수하고 거룩한 온전한 본성을 지닌 존재'로 창조하셨던 거다. 그는 선과 악을 제대로 구분하고 선택할 수 있는 본성을 지니고 있었다. 첫 인간은 하나님의 형상에 따라 완벽했다.

그렇다면 아담에게 하나님의 언약은 가혹했을까? 우리가 기억해야 할 것은 아담에게는 설 수 있는 힘과 넘어질 수 있는 힘 둘 다를 지니고 있었다는 것이다. 아담 자신을 지킬 수 있는 온전함이 그에게는 있었다, 그렇듯 첫 언약을 맺을 당시의 상태는 인간 스스로가 자신을 지탱할 수 있는 능력이 있었지만, 두 번째 언약을 맺을 당시 상태는 타락의 불가능만이 남은 것이다. 아담 이후의 인간은 타락에서 벗어날 수가 없게 되었다. 인류는 이미 무게중심을 잃은 상태가 된 것이다. 인간에게 설 힘은 없고 넘어질 힘만 남았다는 뜻이다,

아담은 망했다. 그는 인류를 대표하는 지위에 있었고, 하나님은 모든 것을 다 주었지만 그는 악을 선택했고, 그 죄의 대가는 인류 모두가 짊어져야 할 삶의 무게가 되었다. 이 죄는 원죄로써 인류 전체를 오염시킨 것이다.

인간의 본질적이고 궁극적인 행복은 하나님과 관계 회복이다. 이 관계의 회복은 하나님께서 친히 찾아오심으로 가능해진다.

은혜언약

아담의 죄는 이제 그리스도의 십자가구속 외에는 방법이 없다.

하나님은 당신의 아들을 이 땅에 보내셔서 이 세상을 구원하고자 하셨다.

웨스트민스터의 신앙고백은 은혜언약에 대해 이렇게 말한다.

인간은 타락으로 행위 언약을 통해서 생명을 얻을 수 없게 되었고, 그래서 하나님은 흔히 은혜 언약이라고 불리는 두 번째 언약을 기꺼이 맺으셨다. 하나님은 은혜 언약에 따라 예수 그리스도로 말미암아 생명과 구원을 죄인들에게 값없이 제공하고, 구원을 받도록 그들에게 그리스도를 믿는 믿음을 요구하고, 생명을 얻도록 정해진 모든 자에게 그의 성령을 생명에 이르도록 작정된 모든 사람들에게 믿을 마음을 갖고, 믿을 수 있도록 그의 성령을 주기로 약속하신다.

은혜언약은 언약의 조건에 반응하거나 성취할 자연적 능력을 고려하지 않고 타락한 죄인들에게 주어지는 "일방 언약"으로 불린다. 그러나 은혜언약은 사람 편에 그리스도를 믿는 믿음을 요청한다는 점에서 보면 조건적이고, 따라서 "쌍방 언약"으로 불릴 수도 있다.

왓슨은 은혜언약의 조건이 오직 "믿음"이라고 말한다. 이는 처음 언약이 "행위"에 의지했다면 둘째 언약은 "믿음"에 의존한다는 거다.(롬 4:5) 그는 다시 하나님의 선하심에 대해 말하고 있는데, 하나님께서 인간과 언약을 맺으신 것도 하나님께서 당신을 낮추신 일이지만 우리가 하나님과 원수 상태로 떨어진 이후에 언약을 맺으신 것은 하나님의 선하심 중에 선하심이다. 이는 은혜 언약을 통해서 우리가 하나님 사랑의 정수와 죄인을 향한 그분의 긍휼의 역사를 엿볼 수 있으며, 이는 결혼 언약이다.
"나 여호와가 말하노라 나는 너희 남편이니라"
(렘 3:14)

왓슨은 다음과 같이 질문과 답을 함으로써 은혜언약에 대해서 설명한다.

질문 20: 하나님은 온 인류가 죄와 불행의 신분으로 멸망하도록 버려두셨습니까?
답변: 아니오. 그분은 택정된 자들을 그 같은 상태에서 구원하시고 한 구속자를 통해 은혜상태로 이끌기로 하는 은혜언약을 맺으셨습니다.

윌리엄 퍼킨스는 은혜언약을 '유언(testament)'이라고 부를 수 있다고 하였다. 이는 '유언자(testator)'의 죽음으로 확정되었기 때문이다. 이 죽음으로 우리는 하나님의 일방적인 은혜를 받는다는 것이다. 퍼킨스에 의하면 은혜언약의 조건은 믿음과 회개이다. 이는 공로적이거나 자력적으로 결과를 유발하는 선행적 조건이 아니라 하나님께서 은혜로 주시는 선물을 받는다는 조건이다. 또한 믿음과 회개는 하나님께서 성령의 역사를 통하여 우리에게 주시는 조건이다.

칼빈의 십계명에서 우러나오는 사랑과 순종의 요구는 '언약' 안에서 거룩한 삶을 사는 것이다. 칼빈의 칭의와 성화는 오직 그리스도와의 연합을 통해 의로움과 거룩함을 획득한다. 이는 하나님과 신자 사이의 언약에서 비롯된다. 은혜 언약에서 그리스도를 믿는 자들에게 주시는 하나님의 명령이고, 우리의 임무이다,

하나님과 진정한 언약 관계에 있는 자, 그리스도를 진정으로 믿어 구원받은 자의 선행은 선행 자체로 선한 것이 아니다. 하나님의 은혜로 임하는 성령의 역사로 말미암아 믿는 자의 선행이 신하게 되는 것이다. 하나님의 사역이라 그러하다. 은혜언약에서 성화는 칭의와 불가분의 관계에 있고 칭의와 동시에 나타나는 유익이라고 칼빈은 말한다. 성화는 언약의 조건으로 율법에 대한 완전한 순종이 그 내용이다. 그러나 이 언약에는 죄 사함과 성화의 영이 함께 존재하고 있다.

언약은 하나님과 신자 사이에 맺어진 가장 존귀하고 고마운 약속이다. 인간의 의지와 책임으로써 맺어지는 것이 아니라, 하나님으로부터 은혜로 맺어지는 것이 언약이다. 이러한 은혜언약은 하나님의 인간에 대한 거룩하신 사랑이다.

이제 토마스 왓슨이 말하는 칭의와 성화의 정의와 의미에 대해서 살펴볼 것이다. 왓슨은 17세기 영국 청교도이다. 청교도의 범위가 넓고 다양하지만, 왓슨은 개혁주의 신학의 맥을 잇는 정통 신학자라는 점에서 현대 신학이 말하는 칭의와 성화의 토대를 이룬다고 해도 과언은 아닐 것이다.

[질문]

1. 칭의와 성화의 토대는 무엇인가?
2. 아담과 그리스도는 인류를 대표한다. 각각 어떠한 언약을 통해서 대표하는가?
3. 죄의 종류에는 어떠한 것이 있는가?
4. 아담이 후손에게 남긴 것은?
5. 은혜언약을 설명하라.

02.

의로움과 거룩함이란 무엇일까

칭의, 의롭다고 여겨지는 것
칭의 교리의 왜곡
성화, 거룩함으로 변화되어간다는 것
성화의 모조품

칭의, 의롭다고 여겨지는 것

칭의란 그리스도의 의로움을 전해 받는 것이다.

왓슨은 칭의에 대해 이렇게 질문하고 답한다.

질문: 칭의란 무엇입니까?
대답: 그것은 하나님께서 우리의 모든 죄를 용서하시고, 오직 믿음을 통하여 우리에게 전가되고, 받아들여진 그리스도의 의로 말미암아 우리를 그분이 보시기에 의로운 자로 인정하시는 하나님의 자유로운 은혜의 행위입니다.

칭의란 죄를 용서받는 것과 그리스도의 의를 전가 받는 것이다. 즉, 하나님께서 보시기에 의로운 사람이라고 인정하시는 하나님의 행위라고 말하고 있다. 이렇듯 칭의는 구원의 과정에서 드러나는 모든 요소들 중에서도 가장 귀한 은혜이다. 또한, 전적으로 하나님의 행위로만 이루어진다는 것을 알 수 있다.

칭의는 법정에서 빌려온 법률용어로써, 고소 받은 사람이 무죄로 선언되고, 공개적으로 사면 받는다는 의미를 갖고 있다. 사람을 의롭게 하는 데 있어서 하나님은 그를 의롭다고 선언하시고 죄가 없는 것처럼 간주하신다는 것을 의미한다.

칭의의 원천은 하나님의 자유 은혜, 그 분의 은혜로 말미암아 아무 대가 없이 자유롭게 의롭다 함을 받는 것이다. 암브로시우스는 이것을 우리 안에서 일어나는 은혜가 아니라 하나님의 자유로운 은혜에 속하는 것이라고 설명한다.

그렇다면 우리에게 주어진 칭의의 근거는 무엇일까? 왓슨은 그리스도께서 하나님의 뜻대로 당신의 죽음으로 만족시킨 대속이라고 말하고 있다. 그렇다면 우리가 죄의 책임 가운데 있을 때, 우리를 무죄하다고 선언하는 것이 어떻게 하나님의 공의 및 거룩과 양립할 수 있을까? 하나님은 우리의 죄에 대해, 대속을 이루신 그리스도를 보시고 공평하고 공의롭게 우리를 의롭다고 선언하실 수 있다는 것이다. 보증에 의해 변제가 이루어지면, 채권자가 채무자의 빚을 탕감해 주는 것은 정당한 일이다. 이 부분에서 그리스도의 대속이 어떻게 가능했을까? 라는 질문에 그리스도는 완전한 하나님이셨고, 완전한 인간이셨기 때문에 가능하다고 한다. 그리스도의 죽음과 공로를 통해 하나님의 공의는 우리가 영원히 지옥에서 고통 받는 것 이상으로 아주 충분하게 만족 된 것이다.

칭의의 방법은 그리스도의 의가 우리에게 전가 되는 데 있다. 우리를 의롭게 하시는 그리스도의 의는 천사의 의보다 훨씬 나은 의이다. 천사들의 의는 피조물의 의이지만, 이것은 하나님의 의이기 때문이다.

우리의 칭의 수단은 믿음이다. 칭의의 수단이 믿음인 이유는, 그것이 은혜로써 거저 주어진 믿음 속에 있다는 데 있는 것이 아니라 상대적으로 그리스도의 공로에 근거하기 때문에 믿음 속에 있다.

칭의의 유효적 원인은 삼위일체 하나님이시다. 복된 삼위일체 하나님의 위격들 전부가 죄인을 의롭게 하시는 손을 갖고 있다. 성부 하나님은 우리에게 의를 선언하심으로써, 성자 하나님은 자신의 의를 우리에게 전가시킴으로써, 성령 하나님은 우리의 의를 정화시키고 구속의 날까지 인 치심으로써 우리를 의롭게 하신다.

그렇다면 하나님께서는 죄인들에게 왜 칭의를 베푸실까? 이러한 칭의의 목적은 하나님께서 자기 백성에게 찬양을 받기 위해서라고 말하고 있다. 칭의가 이루어지면 하나님은 당신의 영예에 영원무궁한 깃발을 세우신다. 칭의는 의롭다 함을 받은 사람이 이러한 영광을 상속받는다. 의롭게 하시는 하나님은 영혼의 죄책을 면하실 뿐만 아니라 그를 영광의 자리로 끌어올리신다. 신자는 칭의로 인해 영화로 관이 씌워진다.

왓슨은 칭의의 원칙을 네 가지로 말하고 있는데, 칭의 받은 자에게는 실제적인 유익이 있다는 것, 칭의는 모두에게 공평하다는 것이다. 은혜의 차이는 있지만 칭의의 정도에는 차이가 없다. 또한 하나님이 의롭다 하는 자는 누구나 하나님이 거룩하게 하신다. 그리고 칭의는 상실될 수 없다.

왓슨은 이러한 칭의를 '기독교의 진정한 주춧돌이자 중심기둥'이라고 말하고 있다. 칭의에 관한 교리의 오류는 기독교 전반에 기초를 좀먹는 위험한 것이다. 그리스도로 말미암은 칭의는 생수의 원천이다. 칭의 교리를 타락시키는 독이 이 원천 속에 들어있다는 것은 끔찍한 일인데, 루터는 자신의 사후에 칭의론이 부패할 것이라고 말했다. 그 이후 알미니안주의자들과 소키누스주의자들은 이 보배로운 약상자에 죽은 파리를 던져 넣었다고 왓슨은 말한다.

칭의 교리의 왜곡

알미니안주의

알미니안주의 논쟁은 '하이퍼' 칼빈주의자와 알미니안의 논쟁에서 비롯된다.

교회와 국가 간의 관계가 이들 논쟁의 배경이었는데 17세기 초 네덜란드(연방)개혁교회의 예정문제로 드러나게 된다. 한쪽은 철저한 칼빈파로서 창세 전 예정과 유기의 무조건적인 예정교리를 고수하며, 국가에 안전 보호와 질서 유지 기능을 맡으면서도 교회의 전적인 자율권을 주장하였다. 이들 '하이퍼' 칼빈주의자들은 영적인 문제에서는 국가에 대한 철저한 불간섭 원칙을 택하는 제네바 교회의 입장을 고수한다. 이들은 테오도르 베자(Theodore

Beza, 1519-1605)의 견해를 따랐다. 베자는 칼빈의 후계자로서 칼빈의 예정론을 전수받아 발전시켰는데, 칼빈에게 없던 논리적 엄격성과 조직적 구조를 부여받았다. 이러한 제네바 경향의 칼빈주의자들은 대부분 남부 네덜란드 출신의 피난민들이었고, 스스로 참된 개혁 신앙이라고 생각하는 것에서 조금만 벗어나면 용납하지 않는 경향이 있다.

다른 한쪽은 알미니우스이다. 이들은 예정이 창조 전의 인간이 아니라 타락 상태의 인간에게만 해당되며, 하나님의 선택과 유기의 작정(decree)은 개인의 행위에 대한 하나님의 예지에 근거한다고 주장했다. 또한 기독교 관료들은 교회의 세속적 문제 못지않게 영적인 것도 잘 돌볼 수 있는 자질을 부여받았고, 그래서 교회 정책에 관해서도 입법할 수 있는 목사의 임명과 감독에 참여할 수 있다고 주장하였다.

알미니우스는 신학 동료 호마루스(Franciscus Gomarus, 1563-1641)의 공격을 받아 논쟁에 휘말리게 된다. 호마루스는 하이퍼 칼빈주의자였다. 그는 또한, "타락 전"(supralapsarian)예정론의 극단적 대표자였다. 알미니우스는 "타락 후"(sublapsarian or infralapsarian) 예정론을 주장한다. 이 문제는 하나님의 예정에 관한 "작정 순서"이다. 하나님은 영원 전부터 개개인의 선택과 유기를 미리 결정하시고 다음에 절대적 뜻을 실현할 수 있는 수단으로 타락을 허용하셨는가? 아니면 하나님은 타락이 일어나는 것을 허용하고 다음에 오직 개개인의 선택과 비선택을 작정하셨는가?

두 부류 모두 칼빈의 후예들이지만 하지만 정작 칼빈은 예정 문제에 대해서 자세히 언급을 하지 않았고, "작정의 순서"(order of the decree)를 명확하게 제시하지도 않았다. 하지만 베자는 이 문제에 대해 언급하였는데, 그는 호마루스가 주장한 것과 마찬가지로 하나님이 타락한 인간은 말할 것도 없고 본래 창조된 인간에 상관없이 구원과 유기를 작정하셨다고 주장한다. 하나님의 영원한 절대적인 작정은 모든 것을 결정하는 하나님의 주권이라고 본 것이다.

알미니우스는 자신은 타락 전 예정론자도 타락 후 예정론자도 아니었다. 이것이 하이퍼 칼빈주의자들과 다른 점이었다. 알미니우스는 타락 전 예정은 하나님을 죄의 조성자로 만들었으며, 타락 후나 타락 전의 예정이나 결정적인 것을 밝히는 데는 실패했다고 판단했다. 그는 오히려 하나님은 처음에 예수 그리스도를 죄로부터의 구속주와 구원자로 임명하시고, 신자들을 오직 그리스도 안에서만 구원으로 예정되게 하셨다고 가르쳤다. 따라서 하나님의 최초의 절대적인 작정은 그리스도만을 대상으로 한 것이고, 예정론은 오직 이 기독론적 맥락에서만 논의되어야 한다.

이러한 상황에서 알미니우스는 인간의 선택에 여지를 두어야 했다. 즉 구원될 개인의 편에서는 믿는 행위, 반대로 저주받은 측에서는 하나님의 구원 제공을 거절한 행위를 위한 자리를 마련해야 했다. 그러나 믿는 행위는 오직 하나님의 은총에 의해서만 가능한 것이지 공로적인 것으로 생각할 수는 없다. 또한 은총으로 인해 개인은 신앙하는 행위에서 협력하게 되나, 그러한 협력은 성령에 의한 중생의 결과이지 중생의 수단은 아니다. 이러한 "협력 은혜"의 개념은 아무리 제한한다 해도 엄격한 칼빈주의 안에서는 설 자리가 없게 된다. 훗날 필립 멜랑히톤의 "신인협동설"(synergism)과는 비슷하다.

1609년 알미니우스 사후 "알미니우스파"는 그의 친구인 위텐보가르트(Johannes Uitenbogaert, 1557-1644)와 그의 학생이었다가 교수가 된 비스콥(Simon Biscop, Episcopius, 1583-1643)에게 넘어갔다. 1610년 이들과 다른 43명의 목사들은 홀란드 연맹의 사전 요청에 대한 응답으로 "항의서"(Remonstrance)라는 이름으로 신앙 성명을 작성하여 "항의파"(Remonstrants)라는 이름을 얻었다. 항의서는 칼빈주의의 절대적 예정론에 반대하여, 예정이 개인의 은총의 수단을 어떻게 할 것인지를 아시는 하나님의 예지에 근거한다고 가르쳤다. 또한 제한 속죄론에 반대하여, 그리스도는 모든 사람을 위해 죽었다고 주장하였다. 비록 신자 외에는 아무도 그의 죽음의 유익을 받지 못하지만 말이다.

개개인 스스로는 회개와 믿음에 이를 수 없고 모든 사람이 은총에 의존한다는 점에서는 칼빈주의와 일치하였다. 그러나 알미니우스주의자들은 거듭 펠라기우스주의자들이라고 비난받았지만 사실 그렇지 않았다. 또한 불가항력적 은총이라는 칼빈주의의 교리에 반대하여 은총은 거부될 수 있다고 가르쳤고, 개인이 한 번 받은 은총은 상실될 수 있다고 하면서 칼빈주의의 견인교리를 불확실한 것으로 선언했다.

1618년 7월에 모리스는 의용군을 일으켜 홀란드 주요 도시에서

쿠데타를 일으킨 후, 항의파 계통 관료들을 반항의파(하이퍼 칼빈주의자)쪽 관료들로 교체했다. 알미니우스주의의 영향에서 벗어난 국회는 논쟁 종식의 목적으로 국가 대회(Synod)를 열었고, 1618년 11월 13일부터 1619년 5월 9일까지 도르트(지금의 도르트레흐트)에서 열렸다. 네덜란드, 잉글랜드, 스코틀랜드, 필라티네이트, 나싸우, 헤세, 브레멘, 스위스 대표들이 참여했다. 항의파들은 오직 피고의 신분으로 참석했을 뿐 의석이 없었다.

도르트 회의(Synod of Dort)는 알미니우스주의를 정죄히고, 93개의 엄격한 칼빈주의적 "조항"(Canons)을 채택했다. 이것이 벨기에 신앙고백과 하이델베르크 요리문답과 함께 네덜란드 개혁교회의 교리적 기초가 되었다. 1619년 4월 23일 다섯 부류의 조항이 채택되었다.

알미니우스파가 주장한 1)부분적 타락, 즉 인간은 하나님을 믿지 못할 만큼 타락한 것은 아니다. 2)조건적 선택, 타락 후 예정되었다. 3)보편적 속죄, 모든 인류를 위한 속죄 4)가항적 은총, 하나님의 은총을 거부할 수 있다. 5)탈락 가능성, 구원을 잃어버릴 수가 있다.

이에 대항하여, 도르트 회의에서는 1)절대적 무조건적 선택, 2)제한속죄 3)'자연적 인간'의 전적타락 4)은총의 불가항력성 5)선택된 자의 최종적 견인 등 칼빈주의의 다섯 요점을 확인하였다.

아미랄드주의 Amyraldism

찰스 시대의 잉글랜드 국교도들, 케임브리지의 플라톤 학파들 그리고 후기 광교파들(Latitudinarians)은 알미니안주의에 동조하고 강력한 반칼빈주의 논쟁에 가담했다. 그리고 왕정복고 후 영국 기독교 신앙의 주류는 이 수로로 흘렀다. 이 후기 사상의 전형적인 인물은 영향력을 가진 불(Bull)감독이었다. 그는 야고보와 바울을 해석하면서 이 두 사람 모두가 행위에 의한 칭의를 가르치는 것으로 이해했다. 불의 견해에 의하면 믿음은 '사실상 완전한 복음적 순종'이므로 가장 완전한 의미는 '행위'였다. 이러한 율법주의적 사상은 현재 꾸준하게 도덕적 노력을 하는 것이 내세의 구원으로 가는 길이라고 말했다.

유럽 대륙에서의 알미니안 논쟁의 한 가지 결과는 사우머 신학교가 신감리교도들의 중재신학(themediating theology)을 발화시킨 것이었다. 사우머에서 1618년에서 1621년까지 가르친 스코트 존 카메론에 의해 주창된 이 가르침은 모이스 아미라우트에 의해 발전되어 역사에 아미랄드주의(Amyraldism)라는 명칭으로 남게 된다. A. W. 해리슨은 이를 가르켜 '칼빈주의와 알미니안주의 사이의 중간적인 것'이라고 칭한다.

아미랄드주의는 은혜언약과 무한적(보편적) 대속에 대한 알미니안의 견해를 채택하나 특별 선택, 효과적 부르심, 궁극적 보존에 대한 칼빈주의의 신앙을 그대로 보유한다. 아미랄드주의의 중요성은 아마도 그리스도인의 실행에 있어 가장 위대한 청교도 저술가인 리차드 박스터가 이 이설을 지지했다는 것이다. 박스터가

이 이설에 흥미를 느끼고 40년 이상을 캠페인 한 결과 17세기로의 전환점에 아미랄드주의는 영국과 스코틀랜드에 인기와 악명을 얻게 되었다. 1690년대에 이 이설은 '박스터주의' 그리고 '신율법주의(Neonomianism)'로 칭해졌다.

  박스터의 견해는 자연신학(Natural Theology)에서 나왔다. 그는 하나님의 나라 통치에 대한 성경의 가르침이 당시의 정치사상들과 일치되어야 한다고 생각했다. 또는 그가 주장한 바와 같이 신학이 '정치적 방식'을 따라야 한다고 생각했다. 하나님은 통치자로 생각되어야 하고 성경은 법전의 부분으로 생각되어야 한다는 것이다. 우리의 구원은 이중적인 의를 요구한다. 즉, 하나님의 새 율법의 제정에 이르는 그리스도의 의와 참된 믿음과 회개에 의해 새 율법에 순종하는 우리 자신의 의이다. 믿음은 곧 하나님의 새 율법인 복음에 대한 실제적 순종이기 때문에 의에 의해 전가되는 것이다. 그러나 믿음은 하나님의 최초 법전인 도덕률의 수행을 포함하고 있다. 그러므로 모든 신자는 비록 새 율법에 의해 의로우나 옛 율법에 관련된 그의 결점들 때문에 매순간 용서를 필요로 한다. 옛 율법의 지시적이고 형법적인 요구를 만족시킴으로써 새 율법을 제정하신 예수 그리스도는 참 신자들을 용서하기 위해 보좌에 앉으신 하나님 정부의 우두머리로 생각해야 한다. 주로 알미니안주의자인 휴고 드 그루트(Hugo de Groot, 그로티우스)에게서 배운 이 정치적 구조 개념들에 박스터는 아미랄드주의(Amyraldean 제한속죄)의 구원론을 조화시켰다.

신율법주의에 대한 부당성

크리스프(Crispian)의 논쟁에서 로버트 트레일의 "칭의에 관한 신교의 교리와 그 설교자들과 교수들을 율법폐기론자라고 말하는 부당한 비난에 대한 해명이라고 말하는 저자, 이 나라의 한 목회자에게 보내는 편지"(1962)에서 트레일은 침착하게, 그러나 효과적으로 박스터의 체계를 파괴하는 두 가지 주장을 하게 된다.

박스터의 체계는 로마서 5:12 이하에 제시된 두 번째 아담 그리스도의 대표적 지위와 명백히 일치하지 않는다. 그리스도의 의의 전가의 근거는 그리스모와 그의 백성 간의 연합이다.

박스터의 체계는 너무 인위적이고 영적으로 비현실적이다. 죄인은 십자가를 바라봄으로써 편안함을 얻는다.

박스터의 정치적 신학에 대해 정리하자면,

정치적 방식은 신학적으로 위험하며 전체적으로 악한 인상을 준다. 17세기 정치학 이론에서 차용한 군주정치, 입법, 이상적 정부 개념들을 왕이신 하나님과 그리스도에 대한 성경의 선언에 맞추는 것은 어색하다.

죄에 대한 정치적 관념은 죄를 법률상의 범죄와 유사한 위반과 범죄(trasgression and guilt)로 나타낸다. 이 관념은 죄를 외면화함으로 영적 병약과 맹목과 도착(倒着)으로서의 죄의 본질과 개인 속에 거하는 죄의 권세와 죄의 악마와 결탁하는 영향력은 덜 강조된다.

정치적 관념은 주 예수 그리스도를 매우 멀어 보이게 하며 구주보다는 심판자와 더 가깝게 느껴지게 한다. 정치적 관념은 믿음을 신하의 충성과 위탁으로 본다. 이는 죄인의 상태에 있는 절망을 하나님께 의뢰해야 하는 중요한 점을 시야에서 놓쳐버리는 과오를 범하기 쉽다.

하나님에 대한 정치적 관념은 진정한 의미에 있어서 하나님을 상실한다. 개혁신학은 하나님의 율법 명령과 벌칙 모두를 하나님의 영원하고 불변한 거룩함과 공의의 영존하는 표현으로 본다. 하나님께서 자신의 율법을 희생시킴으로 죄인들을 구원하신 것이 아니라 그들을 대신하여 자신의 율법 요구에 응하심이다. 따라서 죄인들을 의롭다고 하실 때도 여전히 공정하시다. 박스터의 이론 체계는 하나님의 죄에 대한 진노를 하나님의 변치 않는 특성의 계시보다 열등한 것으로 만들었다. 자비가 하나님이 도덕적 존재의 온전한 본질이라는 사상-후 시대의 자유주의에 의해 명시된 사상의 문호를 열게 된다.

박스터의 이러한 사상은 성경을 연역적 형틀에 맞추는 '정치적 방식'에서 최초의 합리주의로 사실상 죄에 대해서는 도덕주의(Moralism), 그리스도에 대해서는 아리안주의(Arianism), 믿음과 구원에 대해서는 율법주의(Legalism) 그리고 하나님의 죄에 대해서는 자유주의(Liberalism)의 씨앗들을 심었다고 제임스 패커는 평한다.

반율법주의자들의 율법폐지 교리
영국의 반율법주의 논쟁은 1625년에 시작되었다. 1629년에서 1631년 사이에 점차 퍼져나가게 된다. 이를 에드워드 피셔(Edward Fisher)는 자신의 저서 Marrow of Modern Divinity에서 1620년대 중반의 뜨거운 논쟁들이라고 썼다.

반율법주의자들의 주장은 보편적으로 신자들이 자신의 결점에 대해 전혀 걱정하지 않아도 된다는 견해가 꽤 일반적이다. 존 이튼은 칭의 받은 신자가 자신의 불완전에 대해 슬퍼할 필요는 전혀 없다고 단언했다. 하지만 용서를 위해 기도하라는 그리스도의 가르침에 따라 그는 다음과 같은 세 가지 이유로 신자가 하나님께 용서 구하기를 날마다 계속한다고 말함으로써 반율법주의를 옹호했다. 첫째, 사람은 은혜를 받으면 받을수록 자기의 성화의 불완전함을 더 많이 느끼기 때문이며. 둘째, 이 영광스러운 칭의의 용서를 날마다 간구함으로 그는 더 큰 확신으로 나아가게 될 것이다. 셋째, 이 은전을 날마다 간구함으로 신자는 용서를 소유할 뿐만 아니라 또한 그것을 누리게 될 것이라는 것이다.

또 다른 반율법주의자인 로버트 타운(Robert Towne)은 자신의 논증을 위한 예로써, 이제 더는 자기 빚에 대해 한탄하지 말라고 권면한다. 면제 받은 채무자의 사례를 들어 설명한다. 존 솔트마쉬는 다른 반율법주의자들과 거의 비슷한 어조로 단번에 그리스도 안에서, 그리고 전적으로 용서받은 의로운 사람이기 때문에 어떤 신자도 죄 용서를 위해 기도할 이유가 없다고 말하고는, "우리가 믿고, 회개하고 사랑하고 순종함은 … 구원받기 위해서가 아니라 구원받았기 때문이다."라고 주장한다. 크리스천들은 자신 안에 있는 어떤 죄들로 인해 괴롭힘 당해서는 안 되며, 하나님께서 자신을 불쾌하게 여기시거나, 자신의 죄 때문에 자신에게 고통이 닥친다거나, 혹은 자신의 죄로 인해 꾸짖음을 당할 것이라는 생각을 해서는 안 된다고 주장한다.

당시 율법폐기론자들 사이에서는 활발하고 무성하게 들끓는 말이었다. 이들은 그리스도 안에서 자유함을 누리라고 말한다. 신자들이 그리스도인으로서 해야 할 일을 하지 않았다든가, 혹은 해야 할 일을 한다든가 하는 문제에 대해 고민할 필요가 없다고 했다. 그리스도인으로서 죄를 짓는다고 해서 슬퍼하거나 걱정할 필요가 없다는 것이다.

또한 반율법주의자들은 율법을 폐지해야 한다고 주장하게 되는데, 존 이튼(John Eaton, 1575-1619)은 그의 저서 「꿀송이」에서 어떠한 경우라도 율법이 신자들의 양심을 지배하도록 내버려두지 말라고 했다. 믿음이 깊은 자들은 율법과 그리스도가 상반된 두 존재임을 안다고 한다. 그에 의하면 그리스도께서 계시면, 어떤 상황에서도 율법이 지배할 수 없으며 양심 밖으로 떠난다는 것이다.

터바이스 크리스프는 그리스도께서는 율법의 저주에 마침이 되실 뿐 아니라 율법의 생명에 마침이 되신다고 주장한다. 또한 그는 잉글랜드 사람이 터키의 법과 관계없는 것처럼 신자는 모세의 법과 관계가 없다고 주장하지만, 율법이 절대적으로 폐지된 것이 아니라 다만 저주에 있어서만 폐지된 것이라고 인정한다.

이러한 반율법주의자들에 대항하여 청교도들은 반박한다.

반율법주의자들의 주장에 대항하여 청교도 주류는 율법의 폐지는 있을 수 없는 일이라며 항변하기 시작한다. 이들의 주장은 대체로, 죄에 대한 것이다. 왜냐하면 율법이 필요한 이유는 인간의 죄를 들여다보기 위함이며, 죄의 제거가 곧 구원과 연결되기 때문이다.

그리스도인들은 구원을 받았음에도 불구하고, 죄로 말미암은 내재적인 싸움을 지속해야 한다고 했다. 버지스에 따르면 바울이 제시하는 악이나 죄는 자범죄나 습관적인 죄가 아니라 원죄이다. 그들에 의하면 비록 죄의 법은 파괴되고 죄의 법의 힘은 약화하고 손상되고, 죄의 법은 뿌리가 억제될지라도 여전히 큰 힘과 권능을 갖고 있다. 신자들 속에 있는 원죄는 버지스의 표현을 빌리자면, 항상 불꽃이 튀는 용광로이다. 오웬은 다시 죄의 법이 얼마나 센지에 대해서 말하면서, 죄의 법의 권능을 발견하지 못하는 자들은 이 법의 지배 아래 있다고 경고한다. 청교도들은 이러한 죄의 권능이 신자들 속에 항상 내재해 있다는 것을 인정한다. 이들은 이 죄의 힘을 절대 무시해서는 안 된다고 강조하는데, 오웬의 표현을 빌리자면, '활활 타오르는 석탄'인데 이를 무시하면 사람을 태워버릴 것이라고 했다. 이런 식으로 인간의 내면에 원죄가 가만히 있는 것이 아니라 내재하는 죄의 형태로 지속해서 활동하고 있다고 생각했다. 하이델베르크 교리문답이 말하는 것처럼, "우리가 이 세상에서 행한 최고의 행위라도 모두 불완전하고 죄로 오염되어 있다."(질문 62). 이와 관련해서 오웬은 죄는 활동할 때 어디서나 저절로 쉽게 적응한다, 고 말한다.

토마스 왓슨은 하나님께서 거듭난 후에도 원죄적 부패성을 그대로 남겨두신 이유는, 하나님은 가장 연약한 신자들 속에 당신의 은혜의 능력을 나타내시기 위해서이며, 또한 하나님은 원죄적 부패성을 우리가 천국을 갈망하게 하려고 남겨 두셨다고 한다. 그리고 인간을 겸손하게 만드시기 위해서라고 말하고 있다.

도덕법이 우리에게 무슨 쓸모가 있겠는가? 왓슨은 이렇게 답한다. "그것은 우리에게 우리의 죄를 보여주는 거울이다." 라고 대답한다. 율법을 통해 우리의 오염과 비침함을 보게 되면 우리가 예전의 죄책을 면하기 위해 불가불 그리스도께로 피해 가서 장차 진노로부터 구원받고자 할 것이다. "율법이 우리를 그리스도에게로 인도하는 몽학 선생이 되어"(갈3:24) 다시 "그렇다면 도덕법이 아직도 신자들에게 유효한가? 그것은 폐지되지 않았는가?" 그의 이러한 질문은 반율법주의자들을 반박하며 율법은 폐지될 수 없다고 주장한다.

반율법주의자들이 도덕법은 더 필요치 않다고 주장하는 내용의 답변으로 토마스 왓슨은,

도덕법은 어떤 의미에서 신자들에게 폐지되었다. 첫 번째, 칭의에서 그러하다. 도덕법에 순종함에 의해서는 의롭다함을 얻지 못한다. 물론 신자들이 도덕법에 순종해야 하지만, 의롭다 하심을 얻기 위해서는 다만, 그리스도의 의에만 의지해야 한다. …… 둘째 도덕법은 저주에서 신자들에게 폐지되었다. 신자들은 도덕법의 저주와 그리스도의 권능에서 자유함을 받았다. "그리스도께

서 우리를 위하여 저주를 받으신 바 되어 율법의 저주에서 우리를 속량하셨으니"(갈 3:13)라고 하였다 ······ 이렇듯 비록 도덕법이 이와 같이 폐지되긴 했지만 신자들에게 그것은 하나의 항구적인 규칙으로 남아 있다. ······ '규칙'(norma), 즉 생활규칙은 된다. 모든 그리스도인은 꼭 거기에 따라야 살아야 하며 될 수 있는 대로 정확하게 그대로 행해야 된다. ······ 율법은 하나님을 사랑하고 그를 존경하며 복종하는 것이고 율법은 신자들에게 언제나 구속력이 있으며 또한 하늘에서도 구속력이 있게 될 것이다. 나는 이것을 도덕법이 신자들에게 폐기되었다고 말하는 반율법주의자들(Antinomians)을 향해 역설하는 바이다.

왓슨은 반율법주의자들을 향하여 율법이 구원받고자 하는 자를 위한 용도가 아님을 말한다. 이는 '율법의 마침이 되신 그리스도' 라는 의미와 상통하는데, '율법을 완성하신 그리스도'이시란 의미이며 그러한 그리스도 의를 좇는 자에게 필요한 것이 바로 율법이다. 이는 구원 받은 자에게 구속력 있는 표징이 바로 율법이란 의미이다.

인간은 죄에 오염이 되었기 때문에 율법을 지킬 수 있는 능력 자체가 없다. 왓슨은 율법을 완벽히 지킬 수 있는 능력이 인간에게는 없다는 것을 안다. 그러므로 율법을 반드시 지켜야 구원을 얻을 수 있다고 하는, 행위만을 목적으로 하는 구원의 권세가 아니다.

이러한 배경을 토대로, 율법의 폐기는 첫째 성경에 어긋나며,

둘째 신자들이 방종에 이르게 한다. 왓슨은 율법을 통해 자신들을 다스리고자 아니하는 자들은 결코 복음을 통해서도 구원을 얻고자 하지 않을 것이라고 단호하게 말한다. 율법 자체가 복음이 될 수는 없지만, 율법을 지키고자 아니 하는 자는 복음으로 구원을 받을 수 없을 거라는 의미이다.

율법폐기주의자들은 영원 전부터 의롭다함을 받았다고 주장하였다. 영원 전부터 신자들은 택하심을 받았기 때문에 그리스도의 자유 안에 있다고 말하면서 이들은 그리스도의 의의 전가는 수동과 능동이 다 포함된다고 주장한다. 그러므로 그들의 주장은 신자에게 그리스도의 의의 전가가 이루어진 이상 더 율법을 지킬 필요가 없다는 것이다.

그러나 왓슨은 영원 전부터 의롭다 함을 받지 않았다고 주장한다. 왜냐하면, 본질상 우리는 정죄의 심판 아래 있기 때문이다.(요 3:18) 우리가 만일 영원 전부터 의롭다 함을 받았다면 정죄도 없어야 했다. 성경은 믿고 회개한 사람들에게 칭의를 보장하기 때문이다. 성경에서는 "너희가 회개하고 돌이켜 너희 죄 없이 함을 받으라"(행 3:19)고 한다. 그러므로 그들이 회개할 때까지 그들의 죄는 제거되지 아니하고, 그들의 인격은 의롭다함을 받지 못한다. 하나님이 우리의 회개 때문에 우리를 의롭게 하시는 것이 아니지만, 회개가 없으면 그것은 불가능하다.

이 교리는 모든 오류의 문을 열게 하는 열쇠이다. 반율법주의자들이 회개와는 상관없이 영원 전부터 의롭다함을 받는다면, 그들이 죄를 피할 이유가 무엇인가? 범하지 않으려고 애쓸 죄가 무엇인가? 우리는 회개하므로 우리 죄를 용서받는다고 주장한다.

교황주의자들

교황주의자들은 행위로 의롭게 된다고 주장한다. 하지만 바울 사도는 그것을 논박했다. 왜냐하면 "그는 행위에서 난 것이 아니니 이는 누구든지 자랑치 못하게 함이니라."(엡 2:9)라고 말했기 때문이다. 교황주의자들은 거듭나지 않은 인간에 의해 행해진 행위로는 의로울 수 없지만, 거듭난 사람에 의해 행해진 행위는 의로울 수 있다고 말한다. 이것은 여러 사례와 이성에서 입증되고 있는 것처럼 정말 거짓이라고 왓슨은 주장한다.

사례를 통한 입증- 아브라함은 거듭난 사람이었다. 그러나 아브라함은 행위로 의롭다함을 얻은 것이 아니라 믿음으로 의롭다 함을 얻었다. "아브라함이 하나님을 믿으매 이것이 저에게 의로 여기신 바 되었느니라" (롬 4:3)

이성에 의한 입증- 우리를 더럽히는 행위들이 어떻게 우리를 의롭게 할 수 있는가? "우리의 의는 다 더러운 옷과 같으며"(사 64:6)

그러나 야고보 사도는 아브라함이 행함으로 의롭다 함을 받았다고 말하지 않았는가?

그에 대한 답변은 쉽다. 행위는 사람들 앞에서 우리가 의롭다함을 받은 것을 선언하지만, 그것이 하나님 앞에서 우리를 의롭게 만드는 것은 아니기 때문이다. 행위는 우리 칭의에 증거이지 원인은 아니다. 우리의 대제사장이신 그리스도의 금흉패 위에 새겨진 유일한 이름은 '우리의 의이신 주'여야 한다.

이렇듯, 반율법주의나 교황주의, 알미안주의자들과 소키누스주의자들의 주장이 칭의론에 변질을 가져온 것이다. 알미안주의자들은 칭의를 받기 위해서는 인간의 노력이 필요하다고 했다. 이들은 인간의 자유의지를 강조하며, 인간의 행위를 강조했다. 소키누스주의자들은 그리스도의 신성을 부정했다. 반율법주의자들은 영원 전부터 택함을 받았기에 율법은 의미가 없다고 말한다. 이러한 이단들이 칭의론을 변질시키고 부패시킨다고 왓슨은 말하고 있다.

성화, 거룩함으로 변화되어간다는 것

성화의 중요성은 아무리 강조해도 부족함이 없다. 앞서 칭의가 하나님의 완전한 은혜로 인한 하나님의 행위라고 했다. 그렇다면 성화가 어떻게 일어나고, 어떤 방식으로 드러나게 되는지 왓슨의 의견을 들어보도록 하자.

"하나님의 뜻은 이것이니 너희의 거룩함이라" (살전 4:3)

왓슨은 성화를 구원에서 작용하는 은혜 원리라고 말하고 있다. 또한, 마음이 거룩하게 변화되고 하나님 자신의 마음을 닮아가는 것이며, 성화된 사람은 하나님의 이름만이 아니라 그 분의 성향까지 지니고 있는 사람임을 의미한다고 말한다. 또한 성화라는 말은 거룩한 용도를 위해 성별화(聖別化)되고 분리됨이다. 따라서 그들은 세상으로부터 분리되어 하나님을 섬기기 위해 구별된 하나님의 사람으로서 거룩하게 구별된 사람을 뜻한다.

왓슨은 성화를 초자연적이며, 내면적이고 포괄적인 사건이라고 했다. 또한 열심 있고 열정적이며, 아름다운 사건이며 이는 지속적이며 점진적인 사건이라고 했다. 왓슨은 이러한 성화를 '자란다' 고 표현한다.

성화의 진짜 본질은 신자의 실제 변화를 의미한다는 점이다. 성화의 주체는 성령 하나님이시다. 즉, 신자를 거룩함으로 변화시키시는 분이 성령 하나님이시라는 것이다.

예나 지금이나 성화에 관한 부분은 우리의 관심을 이끌 수밖에 없다. 이는 드러나야 하는 행위에 관련된 것이며, 그리스도인의 삶이라 그러하다.

성화의 모조품

성화의 모조품은 십자가에 낙서나 덧칠을 하는 것과 다름 아니다.

왓슨은 '성화의 모조품'에 대해 단호하게 주장한다. 이는 그가 목사로서 성도들의 삶이 그리스도를 닮아가는 삶이기를 원했기 때문이다. 성화는 환히 드러나는 현실적인 문제이다. 칭의와 더불어 성화를 얻은 자는 성령 하나님의 역사하심 가운데에 있다. 성화를 이룬 자는 반드시 행위로 드러난다. 그리고 그 중에 가짜는 반드시 있다.

성화의 첫 번째 모조품은 도덕적 미덕이다.

정직한 것, 절제하는 것, 정중한 태도를 보이는 것, 수치스러운 추문으로 얼룩진 불명예를 일으키지 않는 것은 좋은 것이지만 그것으로 충분한 것은 아니다. 그것은 성화가 아니다. 단순히 도덕적인 사람들은 은혜에 반감을 가지고 있다. 스토아주의자들은 바울에게 철저하게 반발한 원수들이다.

(행 17:18)

성화에 두 번째 모조품은 미신적 헌신이다.

이는 가톨릭 교인들에게 빈번하게 발견된다. 화상, 성상, 제단(祭壇) 제의(祭衣) 그리고 성수 이것들은 성화와 거리가 멀다. 그것은 인간 속에 어떤 본질적 선을 두는 것도 아니고 인간을 더 바람직한 존재로 만드는 것도 아니다.

성화의 세 번째 모조품은 위선이다.

그것은 사람들이 거룩함을 가장 하는 것이다. "경건의 모양은 있으나 경건의 능력은 부인하는 자니" (딤후 3:5) 이것들은 기름 없는 등불이다. 바울 사도는 가식적이고 위장된 경건이 있다는 것을 암시하면서, 참된 경건에 관해 말하였다. "네가 살았다 하는 이름은 가졌으나 죽은 자로다"(계 3:1) 이것은 생명의 원리가 결여되어 있는 그림들이나 동상들과 같다. 그들은 성령으로 충만한 것처럼 가장 하지만 공허한 구름들이다. 이같이 위장된 성화는 자기기만이다.

성화에 네 번째 모조품은 속박적 은혜이다.

사람들은 악덕을 혐오하지 않으면서 그것을 억제할 때는 본심이 드러난다. 개는 뼈다귀에 대한 열망이 있지만, 곤봉은 두려워한다. 물론 마음에는 아무 변화가 없다. 죄는 억제되지만 치유되지는 않는다.

성화의 다섯 번째 모조품은 일반 은총이다.

이것은 성령의 가볍고도 일시적인 사역이지만 회심에 이르게 하지는 못하는 은혜이다. 판단에 있어 약간의 지식이 있지만 그것이 겸손은 아니다. 어떤 사람은 양심에 따라 절제하지만, 그렇다고 그들이 깨어있는 것은 아니다.

성화는 필연적이다. 하나님의 전적인 은혜로 신자의 죄가 용서되고, 그리스도의 의가 전가된 칭의 받은 신자에게는 반드시 성화가 드러난다. 이는 인간의 노력으로 이루어진 사건이 아니라서 나타날 수밖에 없다.

하나님은 우리를 성화로 부르셨다. 우리가 유혹을 받을 수는 있지만 죄를 범할 소명이 있지는 않다. 신자에게는 거룩한 소명이 있다. 성화가 없으면 우리의 칭의에 대한 증거도 없다. 칭의와 성화는 함께 일어난다. 즉, 칭의를 위한 피가 있고, 성화를 위한 물이 있다. 성화가 없으면 우리는 새 언약에 대한 자격을 갖지 못한다. 성화 없이는 천국에 들어갈 자가 없다. 오직 거룩한 마음만이 하나님을 그의 영광중에서 볼 수 있다. 성화가 없으면 우리 모든 거룩한 일들은 더럽게 된다. 불결한 위가 최고의 음식을 질 나쁜 액으로 만드는 것처럼 성화 되지 못한 마음은 기도, 자선, 성례를 오염시킨다. 성화는 우리의 거룩한 일들을 하나님께서 받으시게 만든다. 경건한 마음은 제물을 성화시키는 제단이다. 하나님의 만족이 없다면 열납도 없다.

성화가 없으면, 우리는 우리의 택하심에 대한 표지를 보여줄 수 없다.(살후 2:13) 선택은 우리의 구원의 원인이고, 성화는 구원의 증거이다. 성화는 그리스도의 택하신 양의 표지이다.

왓슨은 성화를 통해 참과 거짓을 구별할 수 있다고 한다. 이는 다른 이들을 통해서가 아니라 신자 자신만이 알 수 있다. 이를 왓슨은 성화의 표지라고 말한다.

성화의 첫 번째 표지는 성화 된 사람들은 그들이 성화 되지 못한 때를 기억한다.(딛 3:3) 성화된 영혼은 그것이 무지와 교만으로 말미암아 하나님을 떠났던 때와 사유 은혜가 그 안에서 거룩의 꽃을 심었던 때를 기억할 수 있다.

두 번째 표지는 성령의 내주하심에 있다. 성령은 성도들을 소유하신다. 하나님의 영은 망상을 경건한 생각으로 이끄심으로써, 그것을 성결케 하시고, 의지 위에 새로운 성향을 두시고, 그것을 선으로 향하게 하심으로써 그것을 성결케 하신다. 성화된 사람은 본질에서는 아니지만, 성령의 영향을 받는다.

성화의 세 번째 표지는 죄에 대한 반감이다. 성화 된 사람은 죄를 떠날 뿐 아니라 죄를 미워한다. 죄에 대한 반감을 품기 때문에 죄에 대항하고, 죄의 소멸을 원할 수밖에 없다.

성화의 네 번째 표지는 영적 의무를 마음으로부터 사랑의 원리에 따라 수행하는 것이다. 성화 된 영혼은 기도에 대한 사랑을 따라 기도한다. 그는 영으로 하나님을 예배한다.(벧전 2:5)

성화의 다섯 번째 표지는 질서 있는 생활에 있다.

왓슨에게 성화는 아주 중요하다. 그는 성화를 '한 가지 필수적인 일(unum necessarium)'이라고 하였다. 성화는 우리의 가장 순수한 얼굴이고, 그것은 우리를 천국으로 만들고, 별들로 반짝이게 한다. 성화는 우리를 하나님의 태생으로 만들고, 신의 성품에 참여케 하며, 우리는 성화로 인해 고귀한 신분이 된다. 성화는 천국을 위한 우리가 가진 최고의 증명서이다.

그렇다면 왜 이러한 성화가 일어나는 것일까? 왓슨은 이에 대한 답으로 "너희의 성화, 이것은 하나님의 뜻이다."라고 말하고 있다. 즉, 우리가 거룩해야 하는 것은 하나님의 뜻이기 때문이다. 그리스도는 우리의 성화를 위해 죽으셨다. 그리스도는 우리를 진노와 죄로부터 구원하시기 위해서 죽으셨다. 성화를 통해 우리는 하나님을 닮는다. 악인과 신자를 구별하는 표준이 바로 성화이다.

경건한 자들은 이중의 인침을 받는다고 했다. 첫 번째는 선택의 인침이며 두 번째는 성화의 인침이다. 거룩하지 않으면서 그리스도인의 이름을 가지는 자는 종교를 모독하는 일이며, 하나님의 길을 욕되게 하는 것이다. 성화는 천국을 위해 합당한 길이다.

성화는 칭의와 함께 일어난다. 죄의 용서와 그리스도의 의의 전가는 곧, 성령 하나님의 인도하심으로 인해 신자의 거룩함이 된다. 이러한 거룩함은 성별화(聖別化)하고, 분리되는 것을 말한다. 따라서 그들은 세상으로부터 분리되어 하나님을 섬기기 위해 따로 구별된 사람들이다.

왓슨은 성화를 둘로 구분하는데, 소극적인 부분과 적극적인 부분으로 나눈다. 소극적인 부분은 죄로부터 정화이며, 죄는 쉰 누룩과 불결한 문둥병으로 비유된다.

성화는 "묵은 누룩"(고전 5:7)을 내어버리는 것이며 삶에서 벗어나는 것이 아니라 죄에 대한 사랑으로부터 벗어나는 것을 뜻한다.

성화의 적극적인 부분은 영혼을 영적으로 단련시키는 것이다. 이는 "마음을 새롭게 하는 것"(롬 12:2)과 "신의 성품에 참여하는 것"(벧후 1:4)으로 불린다. 성화는 죄로부터 씻음을 받는 것일 뿐만 아니라 정결함으로 꾸미는 것이다.

왓슨은 성화가 구원에 작용하는 은혜의 원리라고 했다. 이는 마음이 거룩하게 변화되며 하나님 자신의 미음을 닮아가는 것이다. 그리고 성화의 본질이 무엇인가에 대해 일곱 가지로 정리하는데, 성화는 성령이 거룩하게 하시므로 초자연적인 사건이며, 내면적이며, 영혼 전체에 영향을 미치므로 포괄적인 사건이지만 부분적인 성화는 성화된 사람이 아니며 전체적으로 성화된 사람만이 진짜 성화된 사람이라는 것이다. 그는 마음이 하나님에 대한 사랑으로 불타오르므로 거룩한데, 이는 열심과 열정적인 사건에 속한다. 또한, 성령으로 인해 영혼 속에서 시작된 천국이며, 첫 열매이므로 아름다운 사건이라고 한다. 성화는 씨앗 속에 있는 영화이다. 또한 참으로 성화된 사람은 그 상태로부터 떨어질 수가 없는 지속적인 사건이며, 이미 성화된 사람들은 온전하게 성화 될 수 있으므로 성화는 점진적인 사건이다.

왓슨은 우리가 거룩해야 하는 것이 하나님의 뜻이라고 했다. 이는 하나님의 말씀이 규칙이듯이 성화는 하나님의 뜻이라는 의미이다.

칼빈 또한 칭의와 성화에 관하여 '칭의를 받을 때 성화도 수용한다'라고 했다. 신자는 그리스도와 함께함으로 그리스도의 영으로 충만하게 되며 은혜 가운데 있게 된다. 은혜로 받은 그리스도의 영이란 지혜의 영, 지식의 영, 분별의 영, 능력의 영, 주를 경외하는 영을 의미한다. 그러므로 칭의 받은 자가 성화가 되지 않았다고 한다면 거짓말이다. 왜냐하면 그리스도 안에서 우리와 화해하시면서 우리의 죄에 대하여 자비로우시고, 또한 우리의 마음속에 그의 율법을 기록하실 것을 약속하시기 때문이다.(렘 31:33, 히 8:10, 10:16) 그러므로 율법의 준행은 우리의 능력이 성취할 수 있는 일이 아니라 성령의 능력에 의하여 이루어지는 것이다. 이 성령의 능력을 통하여 우리의 마음은 부패로부터 깨끗하여지고, 의에 순종하도록 부드러워진다.

[질문]

1. 우리에게 주어진 칭의의 근거는 무엇일까?
2. 반율법주의자들에 대항한 청교도들의 반박 내용이 무엇인지 서술하시오.
3. 17세기 왓슨의 시대에 난무했던 칭의론에 대한 오류에는 어떤 것들이 있었는가?
4. 성화를 이룬 이들은 어떤 사람들을 말하는가?
5. 성화의 모조품은 어떤 종류가 있는가?
6. 왓슨이 말하는 성화의 표지는 무엇인가?
7. 왓슨이 말하는 두 번의 성화의 내용은 어떤 것인가?

03.

의로움과 거룩함의 역사

2~3세기 교부
아우구스티누스 (Augustine, 4세기)
중세 칭의
토마스 아퀴나스 (Thomas Aquinas, 1225-1274)
루터 (Martin Luther, 1483-1546)
멜란히톤 (Philipp Melanchthon, 1497-1560)
칼빈 (John Calvin, 1509-1564)
청교도의 칭의론(17세기)

칭의와 성화가 각 시대마다 어떻게 정의되는가를 알아보는 일은 중요하다. 현대의 칭의론과 성화론이 하루아침에 반짝 생겨난 것은 아니라서 그러하다.

칭의와 성화 교리에 관한 역사적 과정을 고대에서 17세기 영국 청교도의 시기까지 간단하게 정리하였다. 고대에서부터 17세기 청교도까지 칭의론의 중심 내용에는 변화가 없다. 즉, 믿음과 그리스도를 통한 칭의이다. 하지만 시대마다 칭의의 특이점은 발견된다.

고대 각 학파의 교부들은 당시의 이단들을 대항하여 변증해가면서 기독교 교리를 형성해 나간다. 시대마다 그리스도를 통한, 그리고 신자의 믿음이라는 중심 내용은 다르지 않다.

2~3세기 교부

2~3세기 교부 칭의론의 공통점은 원죄와 자유의지를 인정했다

는 것과 그들 시대의 철학적 사고를 통해서 구원에 접근하였다는 점이다. 이 시기에는 칭의론이 성립하지는 않았지만 그리스도를 믿음으로 구원을 얻는다는 데에서는 동일한 관점을 보인다. 또한, 이들의 칭의론은 상태가 아니라 전 생애를 통한 과정임을 알 수 있다.

또한, 고대 교부들의 칭의에는 사단과의 대결이 있다. 이런 사상에 대표적인 인물은 오리게네스(Origenes Admantius, 185-254년경)였다. 그리스도가 죄인을 구원하기 위해서 사단에게 값을 치른다는 의미가 내포되어 있는데 이는 당시의 마니교나 영지주의 등이 가진 이원론적인 세계관 때문이라고 여겨진다. 이를 보아서는 고대 교부의 칭의론의 부족함은 어찌할 수 없다.

아우구스티누스 (Augustine, 4세기)

아우구스티누스 당시의 철학적 배경을 가진 신학자들은 인간의 자유의지가 완전하다고 믿었다. 이론으로는 완벽했지만, 현실적으로는 거리가 있다는 것을 아우구스티누스는 발견한다. 그는 인간의 자유의지는 악으로 기울어져 있다고 말하며, 처음 하나님께서 만드시는 본래의 자유의지로 회복할 수 있는 유일한 방법이 그리스도를 믿음으로 얻는 하나님의 은혜라고 말한다. 즉, 하나님의 무조건적인 은혜를 주장한다.

그러나 아우구스티누스가 말하는 의로워지는 개념은 전가의 개념이 아니다. 그에게 의로워진다는 개념은 하나님께서 죄인을 실제로 의인으로 만드는 개념이었다. 아우구스티누스의 칭의 개념은 하나님의 은혜를 통한 성령의 역사로 말미암아 영적, 윤리적 변화를 포함한 것이었다.

중세 칭의

중세 칭의 개념은 고대 칭의 개념의 연장으로써 구원의 전 과정을 포함한다. 시작에서부터 지속과 궁극적인 완결까지 포함하여 의로워짐을 말한다. 중세 칭의론은 12세기부터 구체적으로 체계화되기 시작한다. 이들은 칭의를 과정으로 생각한다. 나아가 그 과정을 성례제도와 연결시켰다. 칭의의 과정은 대체로 세 단계로 나뉜다. '첫 은혜 주입', '심령의 참회', '죄 사함'이다.

토마스 아퀴나스 (Thomas Aquinas 1225-1274)

토마스 아퀴나스는 아우구스티누스를 따라 인간의 구원에 있어서 은혜의 절대 필요성을 강조했다. 또한 아퀴나스는 세례성사를 받으면 은혜가 주입됨으로써 사람이 '의화'된다고 했다. 즉, 세례성사를 받으면 원죄가 사해지고, 성화 은총이 임하여 그 영혼을 새롭게 변화시킨다. 아퀴나스의 칭의론에서 성례는 매우 중요한 의미가 있다.

루터 (Martin Luther, 1483-1546)

루터는 토마스 아퀴나스와 스콜라 신학자들이 주장하는 '습성적 칭의론'을 비판한다. 루터는 믿는 자에게는 반드시 행위가 따른다는 사실을 강조한다. 루터의 이신칭의는 하나님을 통하여, 오직 하나님의 말씀을 통하여, 오직 그리스도를 통하여, 오직 전가하심을 통하여 오직 하나님의 자비하심을 통하여, 이러한 의는 율법 행위로부터 말미암지는 않는다. 또한, 은혜를 받기 위해 인간 편에서는 어떠한 준비도 필요치 않다. 루터는 사랑을 통해 형성된 믿음으로 의롭게 된다고 주장했다. 하나님은 율법을 통해선 어떤 것을 명령하시기 때문에 우리에게 어떤 것을 요구하시며 우리가 어떤 것을 행하기를 원하신다. 이러한 것들이 루터가 말하는 칭의의 핵심이다.

멜란히톤 (Philipp Melanchthon, 1497-1560)

멜란히톤은 칭의를 완성이나 완결로 이해하지 않고, 성령을 통한 과정으로 이해한다. 그는 칭의를 완료된 행동이 아니라 하나의 과정으로 보며 그 결과 갱신의 요소를 포함하는 의미로 칭의를 정의한다. 이처럼 초창기부터 멜란히톤은 칭의를 법정적인 의미로 진술하지 않았다. 멜란히톤의 칭의가 사법적인 의미만을 선포한다고 보기에는 약간의 의구심이 든다. 멜란히톤이 말하는 칭의는 의로움과 새롭게 변화된다는 의미를 말하고 있다. 의롭다고 선포되는 사법적인 의미와 함께 본질적인 변화의 의미도 포함된 것으로 보아서 칭의와 성화를 한데 묶어 표현한 것임을 발견할 수 있다.

칼빈 (John Calvin, 1509-1564)

칼빈의 그리스도와 연합은 오직 믿음을 통해서이다. 믿음이 칭의와 성화로 인도하는 셈이 된다. 칼빈에게 믿음이란 근본적으로 구원에 이르는 믿음을 말하는 것으로 그 믿음은 우리를 그리스도와의 연합으로 인도한다. 믿음은 그리스도와 연합을 이루기 위한 것이며, 이는 성령의 선물이다. 성령은 신자에게 믿음을 주며, 양자 되게 하고 그것을 인치는 서약을 포함하게 되는데 그것이 구원에 이르는 참믿음이라고 설명한다.

믿음은 칭의와 성화가 함께 동반된다. 칭의를 가져다주는 믿음의 역사는 성화의 삶과 함께 시작된다는 것이다. 구원을 가져다주는 참믿음은 본질적으로 성화의 영을 가지고 있으며, 그것은 거룩한 삶으로 나타난다고 칼빈은 주장한다.

칼빈은 율법과 복음의 관계, 믿음과 선행의 관계, 그리스도와 연합 등을 통한 칭의와 성화의 중요성을 강조해왔다. 또한 성화의 중요성에는 언약 개념이 있다.

칼빈 이후의 개혁신학자들은 종교개혁가들과 불연속성을 띤다. 스콜라적인 신학적 논증 방법과 아리스토텔레스적 철학을 사용한다. 이는 성경을 넘어선 신학적 사상 전개로 이어지게 된다.

청교도의 칭의론(17세기)

청교도의 칭의론으로 조지 다우넴은 아담의 죄책전가, 그리스도의 의의 전가, 성화의 영, 이중적인 의의 실현, 믿음으로 구원을 얻는다는 것과 양자됨으로 정리될 수 있다. 또한 청교도들은 칭의와 성화 이전에 그리스도와 연합이 일어난다는 사실을 긍정한다.

청교도의 성화 사상은 하나님의 본질에 있다. 이는 지위는 물론 상태와 관계하면서 완성을 향해 나아가는 것을 의미한다. 이는 하나님의 사역이며, 회개와 의의 실천으로 표현되며, 성삼위 하나님의 언약의 증거와 경험으로 나타난다.

17세기 청교도 시대의 칭의 교리의 왜곡의 중심에는 신율법주의와 반율법주의, 알미니안주의가 있다.

청교도 왓슨의 칭의론은 칼빈의 칭의론을 따르고 있다. 칭의와 성화는 한데 일어난다는 점과 칭의와 성화는 분리될 수 없다는 점에서 그러하다. 하나님의 은혜로 말미암아 칭의가 일어난다. 이는 기독교 교리의 처음과 끝이라 할 수 있겠다.

이제 본격적으로 왓슨의 이중 성화에 관해서 살펴보고자 한다. 왓슨은 성화를 소극적 부분과 적극적 부분으로 나눠서 설명한다. 적극적 성화는 이미 알려진 구원 받은 신자들의 성화이다. 소극적 성화는 그리스도와 연합 이전, 다시 말해 칭의 이전에 일어나는 성화를 말한다.

[질 문]

1. 아우구스티누스가 말하는 칭의 개념은?
2. 중세 칭의 개념과 중세 칭의의 과정은?
3. 토마스 아퀴나스의 칭의론은 어디에 중점을 두는가?
4. 루터의 이신칭의는?
5. 칼빈이 말하는 칭의와 성화는 어떤 내용들과 관계 되어 있는가?
6. 왓슨의 칭의론은 누구의 칭의론을 따르는가?
   또한, 왓슨의 칭의론은 어떤 부분을 강조하는가?

04.

마음의 밭을 가는 일에 대해

소극적 성화에 대해
죄 용서
회개의 필요성
유효한 부르심과 그리스도와 연합
참된 믿음
청교도들의 결과적 조건
구원에는 선한 행위가 필요하다?
칭의와 성화는 동반자
칭의와 성화는 동시에, 반드시 함께 일어난다

농부가 흙을 갈고 씨를 뿌리는 것처럼 하나님은 율법의 설복작업을 통해서 죄인의 마음을 갈고, 그것이 은혜의 씨를 받아들이기에 적합하도록 만든다. 결코 죄를 자각하지 못한 자들은 부르심을 받지 못한다. "그가 와서 죄에 대하여 의에 대하여 심판에 대하여 세상을 책망하시리라"(요 16:8) 이렇게 죄에 대한 자각이 회심의 첫 번째 단계라고 왓슨은 말한다.

소극적 성화에 대해

구원에는 여러 요소가 있다. 칭의와 성화는 구원의 여러 요소 중에서도 중요한 부분을 차지한다.

17세기를 살았던 영국 청교도 토마스 왓슨의 칭의와 성화는 다른 청교도들과 특별히 다르다고 할 수는 없지만, 특이한 점이 있다. 그러려면 먼저 칭의와 성화가 무엇을 의미하는지를 알아볼 필요가 있다.

칭의는 죄용서와 그리스도의 임재이다. 성화는 그리스도의 임재를 통한 성령의 인도하심으로 이루어지는 거룩함이다. 신앙생활을 하는 그리스도인들에게 성화가 필요하다고 말하는 것은 너무나 당연한 말이다. 하지만 성화를 인간의 의지로 표현해서는 곤란하다. 성화는 반드시 그리스도의 임재를 통한, 성령하나님의 인도하심으로 이루어신다.

칭의와 성화는 변화를 의미한다. 하지만 칭의와 성화로 일어나는 변화는 인간의 거룩한 본성으로의 회귀가 아니다. 오직 그리스도를 통한 죄 사함과 그리스도의 내주하심이며, 성령 하나님의 인도하심으로 이루어진다. 그러므로 인간 자신의 '각고의 노력'을 통한 거룩함이라든가, 인간의 본래적 선함으로 돌아갔다는 의미는 아니다. 죄의 용서를 받아서 인간의 내적 공간, 영과 혼과 육이 깨끗해짐을 말한다. 죄가 가득한 공간에 하나님은 들어가시지 않으신다.

칭의가 죄의 용서와 그리스도의 임재라고 보통의 신학자들은 말한다. 또한 칭의가 일어난 이후에 성화가 일어난다고 말한다. 이는 시간의 간격을 두고 차근차근 일어난다는 의미가 아니다. 그리스도의 임재가 있고 나서야 성령 하나님의 인도하심이 일어난다는 말이다. 그런데 왓슨의 주장은 다르다. 칭의 이전에 성화가 일어난다고 한 것이다.

그렇다면 위험한 일이 생긴다. 가톨릭에서 말하고 있는 거룩해져야 의로워진다는 뜻이 된다. 즉, 단순하게 표현하면 착한 일을 많이 해야 그리스도의 임재가 가능하다는 뜻이 된다. 이 주제에 관해 웨스터민스터 신앙고백서를 만들던 시기에 신학자들 간에 논쟁이 있었다. 왓슨이 말하는 바는, 칭의 이전에 일어나는 성화는 '소극적 성화' 즉, 회개를 의미한다고 했다.

또한, 칭의와 성화는 간격을 띄고 일어나는 것이 아니라 동시에 일어나는 것이라고 주장한다. 칭의와 성화의 동시성은 칭의 이후 신자의 삶에서 즉각적으로 드러나는 현상이라는 의미가 된다. 즉, 칭의 받은 자에게는 거룩한 삶이 드러난다는 것이다.

죄 용서

왓슨에 의하면 '소극적인 성화'는 죄 용서에 있다고 말하고 있다. 그가 주기도문의 다섯 번째 기도에 대해 해설을 하면서 쓴 내용을 보면,

신앙은 필연적으로 죄 용서가 선행한다. 비록 칭의와 성화는 똑같지 않지만 그래도 하나님은 죄인을 성화시킴이 없이 결코 용서하심이 없다. 칭의와 성화는 동일하지 않다. 칭의는 우리들 밖에 있고 성화는 우리들 안에 있다. 전자는 전가된 의로 말미암고 후자는 분배된 의로 말미암는다. ……그래도 그 모든 것에도 불구하고 그것들은 분리되어 있지 않다. 하나님은 죄인을 용서하시고 의롭다 하신다면 반드시 그를 성화시키신다. "거룩함과 의롭다

하심을 얻었느니라"(고전 6:11)고 하셨다. "이는 물과 피로 임하신 자니 곧 예수 그리스도시라"(요일 15:6)고 하셨다. 그리스도는 피에 의해 영혼에게 오시며 이것은 용서를 표시한다. 그리고 물에 의해 오시며 이것은 성화를 표시한다. 거룩하게 되지 않는 자는 아무도 죄 용서 받았다고 하지 말라. 이것을 나는 반율법주의들(Antinnomians)에 대항해서 역설하노니, 그들은 그들의 죄가 용서함 받고 그리스도 안에 참여하였노라 이야기하면서도 회심되지 않은 채로 남아 있고 큰 죄 속에서 산다. 즉, 용서와 치료는 병행한다.

칭의를 받고자 하는 자는 먼저, 성령의 거룩하게 하심으로 죄를 깨끗하게 용서받고 나서야 그리스도의 의를 받아들일 수 있다는 의미가 된다.

하나님이 의롭다고 하시는 자는 누구나 하나님이 거룩하게 하신다. "씻음과 거룩함과 의롭다고 하심을 얻었느니라"(고전 6:11)… 마찬가지로 영혼은 하나님이 그 위에 칭의의 직인을 찍으시기 전에 먼저 거룩으로 정화하신다고 왓슨은 말한다.

왓슨에게 있어 "죄 용서"를 위한 회개는 아주 중요했다. 회개는 성화의 여러 과정 중에 하나이다. 왓슨이 이러한 회개를 소극적 성화라고 표현했다. 왜냐하면 그리스도와 연합되지 않고서는 죄 용서와 회개가 일어날 수 없는 일이기 때문이다. 이는 성령의 역사하심이다. 또한, 왓슨의 칭의 이전에 일어나는 소극적 성화는 칭의와 동시에 일어나는 적극적 성화와는 또 다르다. 구원을 이루기 위한, 마음의 밭을 깨끗하게 고르는 것이며, 복음의 씨앗을 뿌리기에 합당한 조건을 만드는 것이 소극적 성화인 회개인 것이다.

회개의 필요성

반율법주의자들에 대한 문제는 비단 17세기 영국 청교도 사회에서만 발견되는 것은 아니다. 어쩌면 오늘날 한국 교회에서도 일어나고 있는 문제인지도 모른다. 한 번 구원 받은 자는 더 이상 율법이 필요치 않다고 주장한다. 그들은 그리스도 안에서 완전한 자유를 누린다고 말한다. 이들에게는 죄용서가 필요 없다. 이미 구원을 받았으므로 그리스도 안에서 자유함을 누리기만 하면 된다고 생각한다.

왓슨은 이러한 반율법주의자들을 반박한다. 반율법주의자들이 신자가 되기만 하면 더 이상 율법을 통한 죄를 발견할 수 없다고 주장하는 것은 칭의의 일회성을 의미한다. 칭의의 완전성이나 일회성은 인정하지만, 그와 연합하여 함께 이루어지는 성화는 또 다른 문제이다. 성화는 칭의의 발견이다. 칭의를 받았는가 아닌가에 대한 발견은 성화가 이루어지고 있는가를 살펴보면 된다. 이러한 성화의 과정 중의 하나가 회개이다. 왓슨은 "너희는 너의 하나님 여호와께 어떠한 죄를 범함도 없느냐?(대하 28:10)고 묻는다. 당신은 매일 같이 죄의 침입을 받지 않는가? 설혹 당신이 다이아몬드라 할지라도 당신은 아무 흠이 없는가?", "그들이 여호와를 향하여 악을 행하니 하나님의 자녀가 아니요"(신 32:5)라는 말씀을 읽어보지 못하였는가? 말씀의 촛대를 가지고 당신의 마음 속을 조사해서 혹시 거기서 아무 회개 거리를 찾아낼 수 없을지 살펴보라고 주장하고 있다. 이는 평생을 통하여 하나님께 나아가는 법을 배우며 실천하는 것이다. 그것이 회개이다. 이러한 회개가 이루어지지 않는다는 것은 성화됨이 없다는 것이요, 성화됨이 없다는 것은 하나님의 칭의를 받지 않았다는 의미이다.

왓슨은 회개가 필수적이라고 설명하고 있는데 왜냐하면 회개를 통해서만이 하나님과 화평을 이룰 수 있기 때문이다. 그는 반율법주의자들이 신자가 되기만 하면 그들의 영적 미래는 평탄할 것이기 때문에 그들에게는 즐거워할 일 외에 아무것도 할 일이 남아 있지 않다고 주장하는 데 대해서, 그들이 해야 할 한 가지 일은 회개하는 것이며 회개는 계속된 행동이며, 경건한 슬픔을 나타내는 일은 죽을 때까지 멈추어서는 안 된다고 말하고 있다. 그에 의하면, 제롬(영어:Jerome. 라틴어: Eusebius Sophronius Hieronymus, 347-420)은 라이태(Laeta)에게 보내는 편지에서 그녀의 생활이 회개의 생활이어야 한다고 말한다. 회개는 육체를 십자가에 못 박는 것으로(갈 5:24), 돌연히 이루어지는 것이 아니고 서서히 이루어지며, 평생을 이루어지는 것이라고 강조한다.

이렇듯 회개는 성화에서 가장 중요한 부분을 차지한다. 하나님께서 죄인을 부르실 때 율법을 통하여 죄를 알게 하시고, 깨닫게 하시며 회개하게 하신다. 회개를 거치고서야 그리스도의 의가 신자에게 전가되어 신자 또한 의로워짐에 참여될 수 있는 것이다.

왓슨은 "회개는 복음에 의해 들어왔다"고 말한다. 주님의 말씀은 회개하는 죄인들이 구원받게 된다는 것이다. 이는 회개가 성화의 다른 표현이라는 것을 알 수 있다.

이제 구원의 서정에서 칭의 앞에 위치하는 유효한 부르심과 그리스도와 연합에 대해서 알아보고자 한다. 부르심의 의미와 그리스도와 연합이 뜻하는 것이 무엇인지를 비롯하여 왓슨의 소극적 성화가 칭의 앞에 위치하는 것이 어떤 의미를 가지는지를 살펴볼 것이다.

유효한 부르심과 그리스도와 연합

질문 31: 유효한 소명이란 무엇입니까?
답변: 그것은 성령의 은혜로운 사역으로, 그 사역을 통해 그리스도는, 복음서에서 우리에게 제시된 것처럼, 우리가 자유롭게 자신(그리스도)을 받아들이도록 하십니다.

윌리엄 퍼킨스의 저작 「황금 사슬」(Golden Chaine, 1592)에서 말하는 구원의 서정은, 유효한 소명- 칭의- 성화의 과정을 이룬다. 그중에서도 유효한 소명의 단계에서는 그리스도와 연합에 대해 상세히 설명하고 있다.

에드워드 리(Edward Leigh, 1602-1671)는 유효한 소명(부르심)안에 그리스도와 연합을 둔다. 이는 다른 이들도 마찬가지이다. 유효한 소명 안에는 그리스도와 연합이 있다.

왓슨의 *A Body of Divinity*는 웨스트민스터 신앙고백과 비슷한 구조로 되어 있으며, 구원의 서정 형식을 띤다. 왓슨은 "구속의 적용"이라는 소제목 아래 "믿음 -유효한 소명- 칭의- 양자됨- 성화- 확신- 평강- 기쁨- 은혜 안에서 성장- 성도의 견인"으로 나눈다.

이는 "또 미리 정하신 그들을 부르시고 부르신 그들을 또한 의롭다 하시고 의롭다 하신 그들을 영화롭게 하셨느니라."라는 로마서 8장 30절 말씀을 배경으로 한다.

유효한 소명 안에 그리스도와 연합이 이미 내재하여 있다는 것은 부르심에서 이미 삼위 하나님의 사역이 이루어진 것을 의미한다 해도 과언은 아니다.

왓슨은 유효한 소명(부르심)을 "그들을 또한 부르시고" 부르심은 '새 창조' 즉, 첫 부활을 말한다고 했다. 왓슨은 유효한 소명을 이중적 소명으로 나누는데, 외적 소명과 내적 소명이다. 그가 말하는 외적 소명은 하나님이 죄인들에게 나아와 그리스도와 구원을 받아들이도록 초청을 하시는 은혜를 제공함이다. "청함을 받은 자는 많되 택함을 입은 자는 적으니라" (마 22:14) 이 소명은 인간들에게 그들이 구원을 위해 무엇을 해야 하는지를 보여준다. 따라서 그들은 불순종한 경우 핑계 할 수가 없다. 내적소명이란 하나님이 은혜를 제공하면서 은혜를 역사하시는 것이다. 이 소명 때문에 마음이 거듭나고, 의지는 그리스도를 붙잡도록 유효하게 인도하신다. 외적 소명은 사람들을 그리스도에 대한 고백으로 이끌지만, 내적 소명은 그리스도를 소유하도록 이끈다.

왓슨이 말하는 유효한 소명의 수단은, '말씀의 선포'와 '성령'이다. 하나님은 죄로부터, 위험으로부터, 세상으로부터, 죄인들을 부르시는데, 이들을 거룩함과 영광으로 부르신다. 이러한 유효한 소명의 원인은 '하나님께서 선택하시는 사랑'이다. "미리 정하신 그들을 또한 부르시고"(롬 8:30)의 말씀에 힘입어 왓슨은 이러한 유효한 소명을 받은 자들의 이전과 이후를 알 수가 있다고 하였다.

이러한 유효한 소명의 이전 단계가 회심이다. 회심은 영혼을 겸손하게 하는 사역이다. 이 과정에서 율법의 필요성이 강조된다. 회심하기 위해서는 죄의 자각이 있어야 하기 때문이다. 죄의 자각이 이루어지기 위해서는 율법을 통해서 자신을 들여다볼 필요가 있다. 회심하고 난 이후 유효한 부르심을 입은 자들은 하나님의 부르심에 응답한다. 그리고 참된 순종으로 이끌림을 받는다.

구원의 서정은 시간상의 문제가 아니다. 시간의 흐름에 따라 유효적 소명 – 칭의 – 성화 -영화로 이어지는 것이 아니라 성경이 말하고 있는 구원의 속성을 논리적으로 배열하고 있는 것이다. 즉, 논리적인 구원의 속성 배열이다.

왓슨의 구원론은 구원의 서정 형식을 갖추었지만, 구원을 이루는 속성에는 개별적인 의미가 있다. 유효한 소명도 마찬가지이다. 부르심을 받은 자는 먼저 회개를 하고 난 이후에야 부르심에 참여된다. 물론 이는 신자에게 '그리스도의 의의 전가'가 일어나기 이전 상황이다. 신자는 부르심을 입은 후에는 회개할 수밖에 없다. 왜냐하면 성삼위 하나님께서 우리를 불러주셨을 때, 성령께서는 우리의 죄를 보여주시기 때문이다. 율법이 그 기준이 된다.

왓슨은 구원의 서정으로 구원을 이루어가는 과정을 설명 한 것이 아니라 구원의 개별적 요소들을 하나씩 설명하는 것이라고 보는 것이 더 나을 듯싶다.

무력한 죄인들이 그리스도께 나아가기 위해서는 하나님의 효과적인 부르심을 필요로 한다. 웨스트민스터 소교리 문답은 효과적인 부르심을 이렇게 정의한다. "효과적인 부르심은 하나님의 영의 사역으로, 이때 하나님의 영은 우리의 죄와 비참을 자각시키고, 우리의 지성을 밝혀 그리스도를 아는 지식을 갖게 하고, 우리의 의지를 새롭게 하심으로써 우리를 설복 시켜 우리가 복음을 통해 값없이 제공된 예수 그리스도를 받아들일 수 있게 하신다."(질문 31) 그리스도는 요한복음 6장 37, 44, 63절에서 효과적 부르심을 분명히 가르치신다. "아버지께서 내게 주시는 자는 다 내게로 올 것이요 내게 오는 자는 내가 결코 내쫓지 아니하리라… 나를 보내신 아버지께서 이끌지 아니하시면 아무도 내게 올 수 없으니 오는 그를 내가 마지막 날에 다시 살리리라… 살리는 것은 영이니 육은 무익하니라." 우리가 여기서 주목해야 하는 것은 아버지께서 이끌지 아니하시면 그리스도께 나아올 자는 아무도 없다는 것이다. 그리스도께 이끌리는 자들은 그리스도께 나아올 것이고, 그들은 자기 스스로 그렇게 하는 것이 아니라 하나님의 영으로 말미암아 그렇게 되는 것이다. 이 본문들 속에 나타나 있는 무조건적 약속은 아버지께서 이끄시는 자들은 하나님의 주권적 은혜로 말미암아 그리스도께 나아오고 유능하고 자발적인 구주가 되시는 그리스도는 그들을 내쫓지 아니하신다는 것이다. 그러므로 백스터가 말한 것처럼 회심은 "그리스도의 영의 사역은 그리스도의 교훈에 따라 사람들의 지성과 마음과 삶을 효과적으로 변화시킨다."는 것을 뜻한다.

성경은 자신의 의지나 자신의 힘으로 그리스도께 나아올 수 있는 자는 아무도 없다고 말한다. 하나님의 부르심을 영적 행위로 만드신다. 이는 플라벨이 말하는 것처럼 우리를 그리스도께 나아가도록 이끄는 "초자연적이고 강한 능력"이다. 그러므로 효과적인 부르심은 그리스도께 나아가도록 우리 안에서 우리의 의지적 행위를 일으키는 하나님의 강력한 역사하심이다.

즉, 유효한 부르심을 받은 자만이 칭의를 받을 수 있는데 부르심이란 하나님께서 택하셨다는 증거이다. 하지만 부르심에 앞서 하나님은 죄인을 겸손케 하시기 때문에 영혼을 낮아지게 한다. 즉 인간은 죄를 확인하고 자신이 죄인임을 확인하게 한다.

왓슨은 이렇게 비유한다. "마음이 개간되지 않은 땅은 파헤쳐진다.(렘 4:3) 이는 농부가 흙을 갈고, 씨를 뿌리는 것처럼, 하나님은 율법의 설복 작업을 통해 죄인의 마음을 갈고, 그것이 은혜의 씨를 뿌리기에 적합하도록 만든다. 결코, 죄를 자각하지 못한 자들은 부르심을 받지 못한다." 그리고 "그가 와서 죄에 대하여 의에 대하여 심판에 대하여 세상을 책망하시리라"(요 16:8) 죄의 자각이 회심의 첫 번째 단계이다.

참된 믿음

참된 믿음은 구원을 위해 오로지 그리스도를 붙잡고, 그리스도를 포옹하고, 그리스도를 의지한다. 왓슨은 의롭게 하는 믿음을 이렇게 말한다.

의롭게 하는 믿음이란? 그것은 그리스도가 구주라고 인정하는 믿음이다. 의롭게 하는 참된 믿음은, 자기 부인이다. 믿음은 자기의 자아를 벗어나 우리 자신의 가치를 제거하는 것이다. 우리가 의를 우리 자신에게 속한 것으로 보지 않는다는 의미이다. 인간은 유일하게 믿음을 통해서만 자기 자신에게서 벗어날 수 있다.

의탁이다. 이는 자신의 영혼을 그리스도께로 던져버리는 것을 말한다. 믿음은 그리스도를 전적으로 의지하며 약속을 믿는다. 그러나 믿음이 약속 안에서 의지하는 것은 그리스도의 인격이다. 그러므로 신부는 "그 사랑하는 자를 의지하고"라고 언급된다.(아 8:5) 믿음은 "곧 그 아들 예수 그리스도의 이름을 믿는 것"(요일 3:23)이며 믿음은 "그리스도께서 십자가에 달려 돌아가셨기 때문에" 그 분의 인격에 의존한다. 즉, "그의 피로 인한 믿음"이다.(롬 3:25)

그리스도를 우리 자신에게 적용하는 것이다. 하나님의 보혈은 하나님을 믿는 믿음이 없이는 구원하지 못할 것이다. 이처럼 그리스도를 적용하는 것은 그분을 영접하는 것으로 불린다.(요 1:12)

성령은 우리 안에 믿음을 역사하심으로써 그리스도가 값 주고

사신 구속을 우리에게 적용하신다. 그리스도는 영광이고, 위로자 그리스도를 믿는 믿음이 복음의 영광이다.

이 모든 것은 택하신 이들에게 주어지는 믿음이다. 살펴보았듯이 유효한 부르심 안에는 그리스도와 연합이 있으며, 회심으로 이끄는 성령의 역사하심이 있다.

왓슨이 '성화시킴이 없이는 칭의가 없다'라고 주장하는 부분에서 성화는 성령께서 죄를 정화하는 부분을 표현한 것이다. 칭의 이전에 성화란 소극적 성화이다. 성령의 사역으로써 회개를 말하고 있다는 것을 알 수 있다. 이는 율법을 통한 죄에 대한 깨달음이다. 이러한 회개가 유효한 소명 안에서 그리스도와 연합함으로 가능하며 성령의 사역으로 이루어진다.

청교도들의 결과적 조건

왓슨은 칭의와 성화를 결과적 조건으로 보지 않는다. 그는 칭의와 성화가 필연성을 가지고 동시에 일어난다고 말한다. 그러나 다른 많은 청교도들은 칭의와 성화의 관계를 결과적 조건으로 보았다.

신자가 율법을 삶의 규칙으로 삼는다고 할 때 그것이 자칫 율법주의로 오해받을 수 있다. 하지만 프란시스 로버츠(Francis Roberts, 1609-1675)는 신자의 선행은 구원받기 위한 선행과 무관하며 다만 그들의 의의 결과적 조건(consequent condition)이라고 한다.

결과적 조건은 어떤 것의 결과로서 반드시 따라오는 조건을 의미한다. 그런 의미에서 도덕법에 순종하는 것은 구원받은 은혜의 결과적 조건이다. 참된 칭의에는 그 결과로서 반드시 선행이 뒤따른다는 것이다.

청교도 주류에게 신자의 착한 행위는 신자가 칭의에 이르도록 하는 것이 아니라, 칭의 받은 증거이다. 선행은 능동적이며 생동력 있는 믿음의 증거이다. 즉, 경건한 삶이 믿음의 증거이며, 성화가 칭의의 증거가 된다. 또한 신자의 선행은 신자 ㄱ 자신에게도 그리스도 안에 있는 칭의와 성화를 확신케 하는 증거가 된다.

이에 반해, 반율법주의자들은 선행의 증거적 가치를 율법주의적이라고 부정했다. 반율법주의자들은 신자의 착한 행동이 다른 사람들에게 신자가 어떠한 상태인가에 대한 증거가 된다는 것은 인정하지만 구원의 확신에 있어서 반율법주의자들의 의견은 신자 자신의 상태에 대한 충분하고 분명한 증거를 주시는 성령의 증언에서 확신을 얻어야 하지 성화의 열매에 의존할 필요가 없다고 주장했다. 확신은 착한 행위라는 증거의 모둠보다 더 깊은 것이기에 반율법주의자들이 그것을 지향했던 것 같다. 물론 성령의 증언이 새로운 삶의 내적 증거이기에 그것이 신자의 삶에 반드시 있어야 한다. 하지만 선행 외에는 새로운 삶의 외적 증거가 무엇인가? 그리스도로 말미암은 의의 전가에 대한 삶의 외적 증거는 착한 행위, 즉 선한 그리스도인이다. 때문에 반율법주의자들이 선행의 증거적 가치를 부정함은 잘못된 것이다.

개혁파 신학자들은 선을 행하는 것은 반드시 필요하다고 주장했다. 알다시피 믿음만이 은혜언약의 유일한 선행하는 조건이며 죄를 죽이는 것은 은혜 언약의 결과적 조건이다.

구원에는 선한 행위가 필요하다?

라이언 엠 허드(Ryan M, Hurd)가 터크니의 글을 번역하여 연구한 바 있다. 앤서니 터크니(Anthony Tuckney 1559-1670)가 켐브리지 대학에 신학교수로 있을 당시에 교수로서 학교에서 강의한 내용을 정리하여 출간한, 그의 강의안들인 예정론 「Praelectiones Theologicae」 32번 질문에서 결과적 조건에 따라 구원에는 선한행위가 필요하다는 주장을 한다. 즉, 어떠한 결과에는 필수적인 조건이 있다. 결과에 앞서는 것 말이다. 예를 들면 칭의와 성화의 맥락에서, 칭의 받은 자라면 성화는 자연스레 드러나야 한다는 것이다. 허드는 자신의 글에서 이렇게 말한다. 앤서니 터크니의 구원과 선한행위의 관계에 대하여, 구원을 위해서 선한행위는 필요하지만, '구별된다'고 말하고 있다. 이는 '구원을 위하여 선한 행위가 필요한가'라는 질문에 답이다.

17세기 당시 정통 청교도인들이 반율법주의자들과 논쟁으로 신학적 의견을 제시하는 경우가 종종 있었고, 정통 신학자들은 반율법주의자들과 대항하여 자기 의견을 펼쳐야 했다. 대상은 반율법주의자들뿐만 아니라 무법주의자들, 가톨릭교인들과 논쟁이었다. 반율법주의자들의 공통된 주장은 율법은 구원을 위해 아무런 필요가 없다는 주장이 근간을 이룬다.

터크니가 '구원에는 선한 행위가 필요하다, 그러나 구별되어진 다', 라고까지 주장을 하게 된 구체적인 계기는 '선한 행위와 구원'에 관련하여 개혁주의자들 또한 반율법주의자들의 주장과 다르지 않음을 발견했던 것이다. 더 나아가 반율법주의자들과 무법주의자들이 '선한 행위는 구원과 관련이 없다는 주장으로' 개혁주의자들까지 하나로 묶으려 한다는 것을 깨닫게 된 것이다. 즉, 선한 일을 하지 않아도 구원받을 수 있다는 주장은 개혁주의자들 사이에서도 일기 시작했으며, 선한 행위는 구원에 대해 어떠한 판단을 할 수 없다고 주장하고 있었다. 이런 주장들에 있어서는 당시 17세기 영국에서 잘 알려진 반율법주의자와 개혁주의자가 하나이며 같았다.

　터크니가 말하고 싶었던 것은 율법을 지키려는 노력으로 구원에 이르고자 하는 인간의 의지를 말하는 것이 아니다. 터크니의 주장에 따르면, 칭의와 성화의 연관성에 근거하여 선한 행위가 필요하다는 것이다. 선한 행위는 은혜의 내적 습관이며 또한 형식적인 본질로 삶에서 드러난다. 선한 행위는 은혜의 내적 습관을 통해서 자연스러운 행동으로 행해지는 것이며, 이것이 형식적 본질로 나타난다는 것이다. 말하자면, 이러한 개념은 본래 칭의의 효력이 실제로 드러난 것이며, 증명된 것이다. 선한 행위는 성삼위 하나님께서 주신 은혜로 인해 드러난 행위의 습관인 것이며, 이는 구원의 표징이 된다는 의미이다.

　터크니에 따르면 구원을 위한 선한 행위는, 어린이와 어른으로 나뉘어 설명된다. 영적이나 육적인 어린이와 같은 이에게는 내적 습관만 주어지는 씨앗과 같으며, 이성과 시간이 주어진 어른인 경우에는 성인(聖人)의 습관이 자연스레 흘러나오며 선한 행위가 외적으로 나타난다. 결국 선한 행위는 수단이나 결과의 선행, 그 결과에 대한 원인, '필수조건'과 같은 질서에 관계를 가지고 있지만 어떤 이에게는 구원의 적절한 효율이 육체적, 도덕적으로 훨씬 덜 영향을 끼친다고 그는 지혜롭게 결론짓는다. 즉, 모두에게 동일한 선한 행위가 반드시 드러나야 구원을 얻는다는 것이 아닌, 구원 받은 자의 영적이나 육적인 어린이에게는 내적 습관의 씨앗만이 있다는 것으로 구원과 선한 행위의 원인과 결과의 확답은 피해간 것이다.

허드가 말하고 있는 앤서니 터크니의 주장은 구원받은 자에게서는 선한 행위가 나타난다는 것이다. 이는 결과를 내기 위한 조건이다. 이를 토대로 이제까지 우리가 구원을 이루기 위해서 복음만을 기대했다면, 이제 구원받은 자들의 삶을 들여다봐야 한다. 그것은 칭의와 성화가 구별은 되지만 분리되지 않는다는 말과 같은 의미이다. 우리는 값없이 구원을 얻었지만 그 삶에서 구원받았다고 하는 어떤 표징이 드러나지 않는다면, 우리의 구원은 의심해봐야 한다는 뜻이다.

그것은 율법에서 찾을 수 있다. 터크니의 주장대로, 성화 되어가는 자들은 율법을 기뻐하며 감사하고 그것을 지키려고 애를 쓴다. 이는 율법을 통해 구원을 얻는다는 의미와는 다르다. 어차피 우리는 율법을 지킬 수 있는 능력이 없다. 예수 그리스도를 통해서만이 우리는 구원에 이룰 수 있으며, 구원을 이룬 자들은 율법을 통해서 자신을 바라보고, 그러한 율법을 사랑하며 지키기 위해 애를 쓴다. 그것은 율법이 구원과는 아무런 상관이 없다고 하는 주장과는 상반된다. 결과적 조건을 따라, 구원받은 자들은 선한 행위를 이루어간다는 터크니의 주장은 충분히 일리 있다.

우리의 구원에 선한 행위는 영향을 미친다. 이는 선한 행위를 통해서 구원을 얻는다는 의미가 아니다. 결과적으로 보았을 때, 믿음으로 얻는 구원 안에는 선한 행위도 어느 정도 효력을 발휘한다는 의미이다. 유효한 소명, 칭의, 성화와 영화라고 하는 구원의 서정은 '믿음으로 얻는 구원'을 구별하여 나누어 둔 것이다. 즉, 이는 굳이 매겨지는 차례이다. 구원의 전 과정은 일제히, 동시에, 전체적으로 넓고 포괄적으로 이루어지는 그리스도인의 삶의 전 과정이라고 한다면, 선한 행위는 구원에 영향을 미친다. 구원받은 자들에게 따라오는 표지가 바로 선한 행위라는 점은 누구나 인정할 것이다.

에드워드 리 또한 칭의와 성화의 관계에 대해서는 전자가 후자의 원인이라고 말한다. "그것은 칭의의 직접적인 결과가 성화, 그리고 우리 본성의 치유이다.(롬 8:1)"라고 말했다. 이는 특이한 것이 아니었다. 개혁주의 전통은 일반적으로 칭의와 성화를 혼동하는 로마 가톨릭 신학의 오류를 피하고자 칭의와 성화의 관계를 원인과 결과라는 관점에서 설명한다.

리는 성화가 칭의를 뒤따르는 이유를 설명하기 위해서 여러 자료를 인용한다. 첫 번째 아우구스티누스(354-430)의 공리이다. 즉, 선한행위는 칭의에 선행(先行)하지 않고 칭의를 뒤따른다는 것이며 두 번째로는 클레르보의 베르나르(Bernardus Claraevallensis,1090-1153)의 말인데 선행은 은밀한 예정의 증거이고 장래에 행복의 징조라는 것. 세 번째 루터의 견해는 칭의의 상태 밖에서는 그 누구의 선행도 진정으로 훌륭한 것으로 칭찬 받을 수 없다는 것이다.

 에드워드 리는 우리는 칭의와 성화를 구별하지만, 이 둘은 분리될 수 없고, 성화는 반드시 칭의를 뒤따른다고 말하고 있다. 또한 그는 그리스도와 연합을 구성하는 서로 다른 요소들이 완전히 따로따로 나뉘거나, 황금 사슬의 여러 단계가 시간상으로 전개된다고 전제하지 않는다. 그는 신자가 그리스도와 연합될 때 이 모든 은택을 동시에 받는다고 말하면서도, 다음과 같이 규정한다. '성화는 칭의와 동시에 이루어지지만, 본질적인 서정에서 성화 앞에 온다. 왜냐하면, 성화의 모든 은혜는 이미 그리스도 안에 있는 자에게 수여되기 때문이다.(엡 1:3)' 이러한 주장은 당시에 일반적인 의견들이다. 예컨대 대버넌트는 전가와 죄 사함에 대해 말할 때도 인과관계라는 측면에서는 전가가 죄 사함보다 선행한다고 말한다. 이 둘은 시간상으로는 동시적이지만, 인과관계라는 측면에서는 전가는 죄 사함에 선행하고, 죄 사함을 얻기 위한 필수적인 선결 요건이다. 앤서니 버지스(Anthony Burgess, ?- 1664)도 칭의와 성화는 동시에 일어나지만 그럼에도 불구하고 "본질적 우선성"을 칭의에 둔다. 제임스 어셔(James Ussher, 1581-1656)도 칭의와 성화는 순서에서는 다르지만 시간적으로 다르지 않아서 둘이 함께 온다(롬 8:30)고 말한다.

청교도들의 대부분은 칭의와 성화의 관계를 원인과 결과로 말하고 있다. 이러한 이유의 대부분은 그리스도인의 삶을 위해서이다. 칭의 받은 자의 삶이 거룩함으로 드러나야 함을 강조하기 위해서였다.

칭의와 성화는 동반자

그러나 왓슨은 칭의와 성화가 동반자라고 주장한다. 함께 동시에 일어나는 관계란 의미이다. 먼저 루터와 칼빈의 칭의와 성화가 어떻게 관계를 맺고 있는지 살펴보자.

루터는 믿음이 칭의와 성화의 근거라고 말하며, 믿음을 통해 칭의와 성화는 불가분 관계라고 말했지만, 율법과 복음을 구별한다는 점과 믿음과 선행을 구별한다. 루터의 이신칭의는 사람들로 하여금 믿음이 먼저 칭의를 이루고 그것을 근거로 성화가 일어난다는 논리이다. 따라서 성화는 칭의를 뒤따르게 된다. 하지만 칼빈은 칭의와 성화의 동시성을 주장한다.

칼빈은 이신칭의와 법정적 칭의 개념을 수용해도 그것이 절대로 홀로 존재하는 것이 아니라고 했다. 칭의와 성화는 구별은 되지만 실질적으로 칭의는 중생(회개, 성화)과 항상 함께 존재한다.

칼빈은 칭의와 성화의 논리적 순서를 의도적으로 피하려고 했던 것으로 보인다. 그리스도와 하나 되면 의롭다고 선언되며, 그런 그에게 동시에 변화가 일어나기 때문이다. 칭의는 순간적이며 단회적 사건이고 성화는 평생에 걸친 사건이다. 그러나 칭의와 성화는 동시에 일어난다. 또한 그리스도와 연합으로 인해 칭의와 성화는 분리될 수 없는 하나의 사건이며, 칭의는 그 사건의 한 측면을, 성화는 동일한 사건의 다른 측면을 말하는 것이다.

왓슨은 칼빈의 주장을 따른다. 그는 칭의와 성화가 원인과 결과의 관계가 아니라 동반자의 관계, 즉 하나로 묶인 관계라고 설명한다.

왓슨 또한 원인과 결과의 관점으로 칭의와 성화를 바라보지 않는다. 칭의와 성화는 시간상으로도 동시에 일어난다. 구원의 서정에서도 칭의와 성화를 구분은 하지만 분리하지 않는다.

앞서, 청교도 주류들이 칭의와 성화를 원인과 결과를 따르는 조건성으로 바라보았다면, 왓슨은 칭의와 성화가 함께 일어나지만, 또한 평생을 걸쳐서 성화의 과정을 거친다고 주장함으로써 필연성으로 설명한다. 이는 같은 내용을 다른 주류 청교도들과는 달리 설명하는 것뿐이라 여겨진다.

'칭의를 받으면 반드시 성화의 과정을 거친다' 라는 원인과 결과로 설명하는 것을 왓슨은 '불가분리적인 연합'이라는 말로 표현한다. 이렇듯 왓슨이 다른 청교도들과 다르게 설명한 이유는 '칭의 이전에 소극적 성화'가 오는 것을 염두에 둔 듯하다. 이는 죄 씻음 즉, 죄에 대한 정화를 강조하고 싶었기 때문이다. 왓슨에게 회개와 죄 씻음은 중요한 자리를 차지한다. 그는 죄 씻음이 없이는 칭의가 없다고 말한다. 또한 구원받은 자에게는 반드시 성화의 표지가 있다.

왓슨은 칭의로 말미암은 그리스도의 의가 신자에게 전가된 의 그리고 성화로 말미암은 그리스도의 의가 신자에게 주어진 의로써, 서로 분리될 수 없다고 주장한다. 칭의와 성화는 순서의 문제가 아니라 함께 일어나는 하나님의 은혜의 사건이다.

칭의와 성화는 동시에, 반드시 함께 일어난다

칼빈의 글에서 칭의와 성화가 동시성을 가지고 있다고 표현하는 부분이 있다.

칼빈이 오시안더와 논쟁에서 오시안더가 본질적인 의를 주장할 때 칼빈은 차라리 오시안더가 "그리스도께서 우리를 의롭다고 하실 때에 그의 본질을 접속시키심으로 우리의 것이 되시는데 이는 그가 사람으로서 우리의 우두머리가 되신다는 점과 동시에 그의 신성의 본질이 우리 속에 주입된다는 점에서 그러하다고 말하고 그쳤더라면," 이라고 말한 부분이 있다. 이는 그리스도의 본질을 신자에게 접속시키실 때에 동시에 신성 또한 함께 주입된다는 의미이다. 이는 그리스도의 본질이란 그리스도의 '의'를 의미하는 것으로 읽힌다. 접속이란 그리스도와 연합을 의미할 터인데 그리스도와 연합이 되는 순간에 우리에게 그리스도의 본질(의)과 신성이 주입된다고 읽어도 무방할 듯싶다. 칼빈의 주장은 그리스도의 본질이라고 하는 그리스도의 의와 신성(신의 성품, 성화)이 동시에 우리에게 주입된다는 의미가 된다.

칼빈은 또한 왓슨과 같은 주장이다. 즉, 그리스도의 의를 믿음으로 붙잡음과 동시에 반드시 거룩함도 함께 붙잡게 되는 법이며 그리스도로 말미암아 의롭다 하심을 얻은 사람은 반드시 동시에 거룩하게 된다. 이 은혜들은 영원히 뗄 수 없는 끈으로 서로 엮어져 있기 때문에 주께서는 그의 지혜로 조명하시는 자들을 또한 구원하시고, 구원하시는 자들을 또한 의롭다고 하시며, 의롭다고 하시는 자들을 또한 거룩하게 하시는 것이다.

왓슨 또한 구원의 서정에 따른 그리스도와 연합에 관해서는 에드워드 리가 말하는 바와 유사하다. 또한 이러한 구원의 서정이 차례를 이루어서 차근차근 일어나는 현상이 아니라는 점을 강조한다. 이는 하나님의 역사하심으로 한 번에 일어나는 현상이다. 그러나 이러한 과정을 설명하면서, 유효한 소명으로 그리스도와 연합된 자는 먼저 죄의 지배에서 벗어나야 함을 염두에 둔다. 그는 소극적 성화를 '죄로부터 정화되는 것'이며 적극적 성화는 '영혼을 영적으로 단련시키는 것'이라고 말하고 있다.

이렇듯 왓슨 또한 그리스도와 연합이라는 측면과 성화에 있어서 은혜의 소질이라는 측면에서 다른 개혁주의자들의 의견과 크게 다르지 않다. '전가된 의'와 '주어진 의'는 각각 칭의와 성화를 말하는 것으로써 칭의와 성화는 분리될 수 없고 연합되어 있다고 설명하고 있다. 왓슨은 칭의와 성화는 함께 일어나는 작업이며, 깨끗함과 거룩함은 분리될 수 없는 하나님의 은혜임을 강조하고 있다. 왓슨이 말하는 적극적인 성화는 칭의 이후에 오는 것이며, 소극적인 성화는 이미 성령과 그리스도로 인해서 거룩함을 받아 죄로부터 정화되는 것을 말한다. 이러한 상황에서 칭의와 성화는 언제나 함께 작용한다. 깨끗함과 거룩함은 '의의 전가와 의의 주입'의 작용으로써 한데 어우러져 이루어짐으로 이해할 수 있다.

칭의와 성화는 그리스도와의 연합으로 가능하다. 유효한 소명과 이어지는 칭의는 그리스도의 의의 전가여서, 인간으로서는 알 수가 없다. 인간의 의지는 조금도 없는 전적인 그리스도의 공로이다. 그러나 성화는 그리스도의 의가 신자에게 주입이 되는 것이다. 이는 행위라서 신자의 삶에서는 선한 행위가 드러난다. 그리스도를 닮아가는 과정이라 그러하다.

대요리문답 77번은 칭의와 성화의 차이점을 이렇게 말한다.

질문: 의롭다 칭하심(칭의)과 거룩케 하심(성화)은 어느 점에서 다른가?

답: 비록 거룩하게 하심이 의롭다고 하심과 불가분의 관계가 있지만 다른 점이 있다. 곧 의롭다고 하실 때 하나님께서 그리스도의 의를 우리에게 돌리시지만, 거룩하게 하실 때는 하나님의 영이 은혜를 주입하시어 신자가 그 은혜로 인하여 옳게 하시는 능력을 주신다. 전자(칭의)에서는 죄가 용서되고 후자(성화)에서는 죄가 억제되는 것이며, 전자는 보복하시는 하나님의 진노에서 모든 신자를 평등하게 해방하시되 현세에서 이를 완성하며 그들이 다시 정죄에 떨어지지 않게 한다. 후자는 모든 신자 간에 평등하지도 않고 현세에서 결코 완성될 수 없으며 다만 완성을 향해 자랄 뿐이다.

왓슨은 칭의와 성화가 어떻게 다르면서 어떻게 같은 것인지를 발견하게 되는데, 이는 칭의와 성화가 구별되어 말해지지만, 결국 칭의와 성화는 같은 맥락에서 함께 읽혀야 하는 것이 옳다고 보았다.

왓슨에게 칭의와 성화는 동반의 관계로 설명한다. 칭의와 성화는 서로 필연적 관계이다. 왓슨의 소극적 성화는 즉각적으로 일어나 죄를 정화하는 작용을 하며, 칭의와 동반으로 일어난다. 그리고 칭의 이후에 오는 적극적 성화는 영혼의 단련이다. 이는 점진적 성화를 말한다.

앞서 말한 바 있는 웨스트민스터 총회에서 결정한 성화는 이중성을 띤다고 했다. 즉각적으로 일어나는 성화는 소극적 성화이기도 하지만 또한 칭의 이후에 오는 적극적이며 점진적, 평생 일어나는 성화이기도 하다. 사실 왓슨의 소극적 성화와 적극적 성화는 동시에 한꺼번에 일어난다. 물론 칭의도 한데 일제히 동시에 일어난다. 이러한 관계는 시간을 두고 띄엄띄엄 일어나거나, 신자의 행위를 보아 차근차근 일어난다고 말할 수 없다. 칭의와 성화가 동시에 일어난다는 것은 신자가 율법으로 자신이 죄인임을 깨닫고 하나님께 회개로 나아감이다. 왓슨이 말한 소극적 성화는 "묵은 누룩"(고전 5:7)을 제거해 버리는 것이다. 그것은 삶에서 벗어나는 것이 아니라 죄의 지배에서 벗어나는 것이다. 적극적 성화는 "마음을 새롭게 하는 것"(롬 12:2)과 "신의 성품에 참여하는 것"(벧후 1:4)으로 불린다.

즉, 회개와 동시에 하나님은 죄를 용서하며, 그리스도의 의를 신자에게 전가하게 된다. 이는 법정적 선포(칭의)이기도 하지만 또한 그리스도의 의를 주입(성화)하는 과정이기도 하다.

이제 왓슨의 소극적 성화가 죄에 대한 각성을 통한 죄로부터의 정화라는 점을 퍼킨스와 에임스, 존 오웬의 글을 통해 밝히고자 한다.

윌리엄 퍼킨스 (William Perkins, 1558-1602)

윌리엄 퍼킨스는 「황금 사슬」의 제37장에서 '하나님의 사랑에 선언, 그 첫 번째 단계에 대하여'라는 제목으로 유효한 소명을 제시한다. 그의 설명에 따르면 유효한 소명에서는 그리스도와 연합이 있다. 이는 그리스도와 하나가 되는 것이다.

퍼킨스는 소명의 실행에 관해 설명하면서 첫째로는 구원의 말씀을 듣는 것이며 둘째는 마음을 부드럽게 하는 것이고 셋째는 믿음이라 한다. 두 번째 마음을 부드럽게 해야 한다는 것은 마음이 구원의 은혜를 받기 위해서는 깊이 깨어져야 함을 말한다. 마음을 부드럽게 해서 얻는 유익한 네 가지는 첫째로 하나님의 율법을 아는 것, 두 번째 원죄와 자범죄를 알며 죄의 형벌을 아는 것, 세 번째는 자신의 죄로 인해 하나님의 진노를 느끼는 마음의 가책, 네 번째는 자신의 능력에 대한 거룩한 절망이다.

이는 오웬이 말하고 있는 죄에 대한 각성과 유사한 내용이다. 칭의 이전에 일어나는 과정에서 퍼킨스는 죄에 대해서 깨닫는 과정이 필요함을 역설한다.

또한 믿음이 생기는 과정을 말하는 마음의 움직임이 있는데, 첫째는 성령의 조명을 통해서 복음을 아는 것이며, 두 번째는 죄 사함의 소망, 세 번째는 은혜에 대한 열망 네 번째는 은혜의 보좌로 나아감인데, 은혜의 보좌로 나아가기 위해서는 겸손히 죄를 고백해야 하며, 죄 사함을 구하는 탄원이 필요하다. 다섯 번째는 성령께서 특별히 마음의 확신을 주시는 것이다.

퍼킨스는 칭의 이전에 죄에 대한 고백, 죄에 대한 발견, 죄 사함에 대한 소망을 말하고 있다. 이는 오웬의 죄의 각성과도 유사하지만, 왓슨의 소극적 성화와도 유사함을 알 수 있다.

윌리엄 에임스(William Ames; 1576-1633)

에임스 역시 칭의 이전에 회개가 필요하다고 말하고 있다. 그리스도와 연합을 통한 영접에서는 '부르심'은 곧 '회심'이다. 또한 회개는 신앙과 동일한 원인과 원리를 가지고 있다. 이들은 모두 하나님의 자유로운 선물이라 그러하다.

회개와 신앙은 동일한 주체(의지)를 가지고 있으며 인간의 심령 혹은 의지 안에 위치한다. 신앙은 그리스도를 지향하며 그리스도를 통해 하나님을 지향하지만, 회개는 범죄 당한 하나님 자신을 지향한다. 신앙은 하나님과 화해를 추구하지만, 회개는 하나님의 의지와 일치하기를 원한다. 율법은 회개와 연관하여 신자를 깨닫게 하는 도구이다. 율법을 통해서 신자가 걱정이나 근심, 두려움을 가지게 되는 것은 성령께서 신자를 예비하고 준비시키는 원인이 된다. 이러한 경우 회개는 본성적 질서에 따라 신앙보다 먼저 있게 되고 심지어 이런 과정은 중생하지 못하는 자에게서도 발견된다.

하지만 회개가 인간을 효과적으로 그리고 진정으로 하나님께 범한 죄로부터 돌이키게 하는 것을 의미할 때는 회개는 신앙 이후에 온다. 이는 원인에 대한 결과라서 그러하다고 에임스는 말한다.

이러한 회개는 항상 과거와 현재의 죄에 대해서 뉘우치고 돌이키기를 원하는 마음을 수반하는 회한적인 의미보다는 죄로부터 돌이키고 죄를 미워하며 선을 따르겠다는 확고한 의지이다.

에임스는 회개를 둘로 나눈다. 즉, 칭의 이전의 회개는 율법과 관련하여 감정적 동요가 일어나는 것을 예비하고 준비시키는 원인으로서 작용한다. 진정으로 죄로부터 돌이키게 하는 것을 의미할 때는 칭의 이후에 오는 회개이다. 이러한 회개는 칭의와 성화의 관계 안에서 원인에 의한 결과라고 에임스는 보는 것이다. 즉, 칭의를 받았으므로 당연히 성화가 따라온다는 의미이다. 심지어 에임스는 중생하지 못한 자라도 회개를 할 수 있다고 했다. 에임스가 말하고 있는 칭의 이전의 회개는 죄에 대한 두려움으로 인해 하나님께 나아가는 것을 말하는 것으로 보인다.

에임스는 하이델베르크 요리문답에서 말하는 비참, 구원, 감사라는 삼중 구조의 많은 부분이 회심 이전에 죄인의 마음에서 일어나는 율법의 작용이라는데 근거를 둔 것이다. 구원의 준비 과정은 성령님의 역사이며 회개와 마찬가지로 중생이라는 말은 좁은 의미나 넓은 의미로 생각될 수 있다.

그에 의하면 죄를 깨닫는 은혜의 단계에서 -준비단계- 죄인은 하나님과 그분의 말씀에 대해서 생각하고 기도하며 육신적으로 은혜의 수단에 참여하는 정도까지는 협력할 수 있다. 회심하는 중생의 은혜에 있어서 죄인은 협력하는 것이 아니라 믿음을 주시는 하나님의 수동적 대상이 되는 것이다. 하지만 칭의와 함께 작동하는 성화의 은혜는 우리의 믿음과 순종의 각 행위보다 우선하고 그것과 협력한다.

에임스는 칭의 이전에 회심과 중생을 비롯하여 하나님께서 주시는 은혜의 모든 과정에서 인간은 수동적 역할을 하며 오직 하나님께서 역사하신다는 것을 강조한다. 그가 성화의 은혜가 믿음과 순종의 각 행위보다 우선한다고 주장한 이유는 인간의 행위보다 하나님께서 인간을 거룩하게 하시는 것이 먼저라는 의미이며, 모든 은혜는 전적인 하나님의 역사하심이라는 점을 에임스는 강조한다.

정리하자면 에임스는 회개를 둘로 나누었다. 칭의 이전의 회개는 율법을 통한 감정적 두려움을 내포하는 것이며, 칭의 이후는 신자의 변화를 수반한다는 점이 특이하다.

왓슨의 소극적 성화는 죄를 정화하는 작업을 의미한다. 이는 부르심을 받은 자들은 율법을 통해서 자신의 죄를 깨닫게 하시고 회개시키심으로 정화시키시는 작업이다. 이런 의미에서, 왓슨의 소극적 성화는 에임스의 신앙 이전의 회개와 유사하다.

구별되는 점은 에임스는 칭의 이전의 회개는 중생하지 않은 자도 겪는 일이라고 했다. 그러나 왓슨은 칭의 이전의 회개는 택함 받은 자들이 부르심을 받아 회개로 정화되는 것을 의미한다.

존 오웬 (John Owen, 1616 - 1683)

오웬은 의롭다 하심을 받는 믿음의 특별한 본질을 네 가지로 말한다. 이 과정에서 두 번째가 이 믿음을 얻기 위해서 우리 안에 사전에 요구되는 것들이 있다. 즉 우리가 칭의의 믿음을 얻기 위해서 사전에 어떤 의무를 감당해야 하는가, 혹은 생명의 칭의에 이르는 믿음을 가지기 전에 우리가 무엇을 해야 하는가?라는 질문을 더한다. 이에 대한 답으로 믿는 것이 의무인 사람들에게 죄를 깨닫게 하는 율법의 사역이 있어야 한다고 했다. 곧 죄에 대한 각성이 의롭다 하심을 받는 믿음이 있기 전에 반드시 있어야 한다고 말한다.

오웬은 죄에 대한 각성(覺醒, conviction)의 사역으로 사람의 영혼은 죄의 본성과 죄에 대한 책임과 죄로 말미암은 형벌에 대한 실천적인 이해를 소유하게 된다고 했다. 이 각성을 통해서 자신의 처지를 깨닫게 되며, 이런 칭의는 성인들 안에 있으며, 그것은 칭의로 이어지는 외적인 수단이요 도구이다. 또한 이러한 죄에 대한 각성이 없이는 진정으로 칭의를 받을 수가 없다. 죄에 대한 각성만이 그리스도 안에 있는 하나님의 자비를 향해 달려가도록 하는 유일한 것이라고 말하고 있다.

오웬은 믿음과 마찬가지로 회개가 칭의를 받기 위한 조건이라고 말하고 있다. 회개는 믿음처럼 우리의 칭의에 똑같이 필요한 것이며, 구원받기를 원하는 모든 사람을 회개로 부르고 있는 수많은 성경의 증거들이 있다.

즉, 죄의 각성과 마찬가지로 회개는 칭의에 필요한 조건이라는 말이다. 이는 칭의 이전에 일어나야 하는 사건이다. 모두 성령의 역사하심으로 가능하다.

[질문]

1. 회개는 왜 필요한가?
2. 유효한 소명이란 무엇이며 원인은 무엇인가?
3. 왓슨의 구원론의 형식은 어떠한가?
4. 의롭게 하는 참된 믿음은?
5. 청교도들이 칭의와 성화의 관계를 결과적 조건으로 본 이유는 무엇이며, 결과적 조건을 설명하라?
6. 구원에는 선한 행위가 필요한가? (터크니의 주장에 근거하여 정리하여 보라.)
7. 칭의와 성화의 차이점은?
8. 오웬이 말하는 의롭다 하심을 받는 믿음의 특별한 본질 네 가지는?

05.

마음 밭에 의로움의 씨를 뿌리기 위해

성화 우선성에 관한 논쟁
그리스도의 의의 주입: 소질(素質)
구원의 서정
신앙고백서의 칭의와 성화
칼빈의 구원의 서정
왓슨의 구속의 적용

의로움 이전에 일어나는 거룩함에 대해서 일부 청교도들은 예민하게 반응했다. 즉, 칭의 이전에 일어나는 성화는 인간의 노력으로 구원을 이룬다는 의미를 내포하기 때문이다. 이러한 성화 우선성 논쟁에 청교도 다수가 참여했고, 또 많은 청교도가 칭의에 앞서는 성화에 긍정했다. 긍정한 청교도들은 유효한 소명에서 이미 그리스도와 연합을 이루었기 때문에 신자의 내면에 거룩함이 있다는 것이다.

이는 칭의와 성화의 동시성에서도 나타난다. 의로움의 전가(칭의)와 거룩함의 주입(성화)은 함께 일어나는 현상이라서 그러하다. 거룩함, 즉 성화는 즉각적이며, 점진적이다. 즉각적으로 일어나는 성화로 인해서 칭의 이전에 거룩함을 만들어낼 수 있다는 것이다.

칭의와 성화의 동시성은 칭의 이전의 성화로 여겨졌다.

칭의 이전의 성화에 대해 반박하는 이들을 위해 각종 신앙고백서 안에서 구원의 서정이 발견되는지를 살펴보고, 칼빈의 글에서도 알아볼 것이다. 왓슨의 신앙 고백서에서 '회개, 칭의, 성화'가 어떻게 나타나는가에 대해서도 살펴 볼 것이다.

성화 우선성에 관한 논쟁

칭의 이전에 성화가 온다는 것은 인간의 노력, 즉 인간의 선한 행위로 말미암아 칭의를 얻을 수 있다는 말로 들렸다. 이런 문제 때문에 성화가 칭의에 우선한다는 내용을 반박하며 논쟁하는 일이 있었다. 성화 우선성 논쟁이란 일반적인 개혁신학자들이 칭의 이후에 성화가 온다고 말한 것에 반박하는 논쟁이다.

성화에 대한 칭의의 우선성이라는 문제에 조지 다우네임(George Downame, 1566~1634)과 리(Edward Leigh, 1602~1671)의 스승 윌리엄 펨블(William Pemble, 1591~1623) 사이에 논쟁이 있었다고 리는 설명한다. 펨블은 성화가 칭의에 선행한다고 믿었고, 이로 인해 비판을 받았다. 이 논쟁의 정확한 성격은 오늘날 개혁주의 신학에서는 거의 사라진 범주들 즉, '주입된 은혜의 소질'(infused habit of grace)이라는 개념과 관련되어 있다. 즉, 주입된 은혜의 소질이란, 한 마디로 은혜가 신자에게 '주입'된다는 의미이다. 펨블은 유효한 부르심을 통해서 "성화를 가능하게 하는 모든 은혜를 담고 있는 은혜의 보편적 또는 일반적 소질"이 신자 속에 "주입 된다"고 주장했다. 반면에 다우네임은 펨블이 유효한 부르심(또는 소명)을 성화와 혼동하고 있다고 믿은 것이다. 마찬가지로 윌리엄 에임스(1576-1633)와 로버트 롤록도 중생과 성화를 혼동하는 일이 비일비재하게 벌어졌다고 지적한다.

리의 주장은 이러하다. 성화가 성령이 우리 안에 거룩함을 만들어내는 사역을 가리킬 때는 믿음과 칭의에 앞서고, 따라서 사도는 "거룩함과 의롭다 하심을 받았느니라"(고전 15:21, 실제로는 6:11)고 말하여 성화를 칭의 앞에 둔다. 그러나 성화가 심령과 삶의 교정과 관련하여 거룩함의 훈련을 가리킬 때는 본질상으로는 칭의를 뒤따르고 시간상으로는 칭의와 동시적으로 결합한다. 바울 사도는 로마서 8장 30절에서 부르심을 칭의 앞에 두고, 이것은 부르심이 첫 번째 성화 또는 중생과 동일한 것임을 보여준다. (사도행전 26장 18절을 보라.)

성화를 둘로 나누어 설명하고자 하는 에드워드 리의 의견을 볼 수 있다. 리의 요지는 성화를 넓은 의미에서 성령의 거룩함의 소질을 주입으로 볼 때 이 주입은 한 사람의 유효한 부르심을 통해 일어나기 때문에 칭의에 선행(先行)하는 반면에 성화를 좁은 의미에서 거룩함의 훈련 또는 지속적인 성화의 과정으로 보는 경우에 성화는 칭의를 뒤따를 수밖에 없다고 말하는 것이다. 전문적인 용어를 사용하자면, 리는 행위(즉, 성화의 소질을 주입)로써의 성화와 훈련으로써 성화(지속적인 성화의 과정)를 구별한다.

요한네스 마코비우스(Johannes Maccovius;1588-1644)의 설

명이 도움이 된다. "중생"(이 맥락에서는 성화를 가리킨다)은 그 부분들에서는 완전하지만, 정도에서는 완전하지 않다. 달리 말하면, 거듭나서 중생한 사람에게는 전인적인 성화가 이루어져서, 그 사람을 둘러싼 죄의 지배가 무너진다. 하지만 그 성화는 정도로서는 불완전하다.

에드워드의 구원론 서술의 핵심, 즉 그의 저서 「황금 사슬」에서 보여준 구원의 단계들은 시간적인 단계들로 인식하지 않았다. 저서에서 보여준 것은 그리스도와 연합으로 인한 여러 은택을 구별하고 본질적인 측면에서 구속의 순서 또는 단계를 설명하는 데 황금사슬이라는 표현을 사용했다. 이와 같은 의미에서 황금 사슬과 그리스도와 연합은 동일한 개념이라는 것을 염두에 두어야 한다.

웨스트민스터 표준문서의 성화론에서는 "성화는 하나님이 값없이 주시는 은혜의 역사이고, 이로써 우리는 하나님의 형상을 따라 전인적으로 새롭게 되고, 점점 더 죄에 대해 죽고 의에 대하여 살 수 있게 된다." (소교리문답 35문) 성화는 택함 받은 죄인이 도덕적으로 및 영적으로 변화되어 가는 것이다.

웨스트민스터 표준문서를 작성한 신학자들은 "유효한 부르심을 받아 거듭난 자들은 그들 속에 창조된 새 마음과 새 영을 지니고 있기 때문에, 그리스도의 말씀과 그들 안에 거하시는 성령을 통해서 그리스도의 죽음과 부활의 효력으로 말미암아 계속해서 진정으로 인격적으로 성화 된다."(13.1) 라고 씀으로써, 성화를 황금 사슬의 첫 번째 단계와 연결한다.

유효한 부르심을 성화의 일부로 볼 것인가, 아니면 황금사슬의 한 독자적인 요소로 볼 것인가에 대해서 얼마간 논쟁이 있었다. 그러나 이 웨스트민스터 신앙고백은 "효과적으로 부르심을 받아 거듭난" 자들은 "계속해서 성화된다."고 말함으로써 에드워드 리가 언급한 논쟁을 반영한 것으로 보인다.

대교리 문답에서 생명으로써 회개와 다른 모든 구원을 이루는 은혜의 씨앗은 그들의 마음, 즉 택함 받은 신자들의 마음에 "두어진다"(제75문)라고 말함으로써, 유효한 부르심과 성화의 관계에 관해 설명한다. 표준문서가 "주입된 소질"이라는 용어를 사용하지 않는 것은 아마도 이 신학자들이 의도적으로 스콜라적이고 학문적인 용어에 대한 언급을 피했기 때문일 것이지만, 대교리 문답의 이런 진술, 특히 "그들의 마음에 둔 회개의 씨앗"이라는 표현 배후에는 사실, 주입된 소질이라는 개념이 자리를 잡고 있다. 러더퍼드는 그리스도가 자신의 생명을 내어주신 거룩한 죽음이라는 형벌을 통해 택함 받은 죄인들에 대한 율법의 요구를 만족시켰다고 설명한다. 하지만, 그는 죄인의 내면에 살아있는 물리적인 죄성과 그 본성이 어떻게 제거되는 지를 묻는다. 즉, "죄가 그 주체로부터 축출되고, 내재적인 의와 성화의 온전한 소질과 거룩함이 도입된다. 그럼으로 죄의 진정한 본성은 의나 거룩함과 반대되는 다른 모든 것들과 함께 제거된다."고 대답 한다. 이것이 주입이다. 그리스도의 의의 주입이란 그런 것이다. 이제 죄는 사라지고 그리스도의 의만 남게 되는 것이다.

이에 "소질"에 대해서 살펴볼 것이다. 개혁주의자들은 "소질"

이란 말을 칭의에는 쓰지 않고 성화에서만 주로 쓴다. 소질은 그리스도의 영의 주입으로 일어나는 신자의 실제적인 변화를 의미한다. 이는 칭의에 앞선 성화를 이해하는데 도움을 줄 것이다.

그리스도의 의의 주입: 소질(素質)

"소질"이란 용어는 역사적으로 칭의 및 성화에 적용되어 왔다. 은혜의 소질 또는 성향이라는 말은 심령에 주입되어 인간 본성의 일부가 될 하나님 은혜의 어떤 신적 은사였다. 은혜의 소질은 "칭의의 은혜" 또는 "성화의 은혜"로 불렸다. 하지만 역사적으로 개혁주의 신학자들은 법정적 칭의론과 관련해서 소질이라는 개념들을 배척했다. 칭의의 토대는 주입된 의의 소질이 아니라, 오직 믿음으로 말미암아 오직 은혜에 의해 신자들에게 전가되는 예수 그리스도의 "외재적 의"였다. 칭의라는 관점에서 보면, 은혜의 소질이라는 것은 칭의의 적절한 토대일 수가 없었던 내재적 의를 함축하는 것이다. 개혁주의자들은 그리스도의 의는 신자의 외부에서 오는 외재적인 것으로만 간주하였다.

성화와 관련한 은혜의 소질은 개혁주의 신학자들에게 있어서 다른 문제였다. 성화에서 의는 성령의 역사에 따른 내재적인 것으로 간주되었다. 그리고 개혁주의자들은 성화를 "주입된 소질"이 아니라 "새롭게 됨"이라는 관점에서 보았다. 그러나 주입된 소질이라는 용어가 근대 초기의 개혁주의 신학에서 전혀 등장하지 않는 것은 아니다.

아메리카 식민지의 개혁주의 신학자였던 토머스 후커(Thomas Hooker, 1586-1647)는 신자들이 그리스도와 연합으로 인한 이중적인 은택을 받는 방식을 설명하는데 "예수는 하나님으로부터 나와서 우리에게 지혜와 의로움과 거룩함과 구원함이 되셨으니"라는 고린도전서 1장 30절 말씀을 설명한다. 즉, 그리스도는 자신의 은혜를 두 가지 방식으로 전달하는데, 하나는 전가(imputing)에 의한 것이고, 다른 하나는 나누어 주는 것(imparting)이다.

이는 전가와 교류(communication)라는 용어로 사용될 수 있다. 이 둘은 모두 실제적이지만, 하나는 소질이다. 전가와 교류는 둘 다 심령 속에서 하나님의 실제적인 역사를 표현하지만, 오직 교류만이 심령 속에 하나의 체질 및 영적인 능력과 자질을 남긴다. 전가에 의한 전달은 심령 속에 도덕적인 것을 남기지 않는다. 전가와 교류는 둘 다 성경 본문에 나온다. 그리스도의 의의 전가는 곧 죄인의 의로움이 된다. 그리고 교류에 의해서 신자를 거룩하게 한다. 어떤 영적인 능력을 전달하고 만들어내며, 물리적인 변화를 남긴다. 사도가 "그리스도가 의로움이 되신다."라고 말하는 것은 그리스도가 전가에 의해 죄인을 의롭다 한다는 것이고, "그리스도가 거룩함과 구원함이 된다"고 말한 것은 교류에 의해 심령을 죄의 오염으로부터 건져내고(성화) 죄의 권세와 지배로부터 건져낸다(구속)는 것이다. 이렇게 교류 때문에 주어진 영적인 소질이나 영적인 권능이나 영적인 자질이나 능력은 심령에 남게 된다고 말한 바 있다.

후커의 주장 중에서 '교류에 의해 심령을 죄의 오염으로부터 건져낸다'는 표현은 성화이다. 또한, '죄의 권세와 지배로부터 건져내는 것'은 칭의이다. '소질' 즉, 그리스도의 의의 주입이라고 할 수 없는 것은, 자칫 그리스도의 의의 주입이 가톨릭적인 '신성의 주입'이라고 오해를 살 수 있어서 그랬을 것이라 여겨진다.

'소질'이라는 표현은 성화에 관련된 것으로 왓슨의 '소극적 성화'와 유사하다. 또한 칭의를 그리스도의 내재적인 의, 의의 주입이라고 표현할 수는 없었을 것이다. 그래서 성화를 표현할 때에만 '소질'이라는 용어를 사용하게 된다. 성화는 권능, 자질, 능력의 교류로 설명한다.

왓슨 또한 성화를 그리스도의 의의 분배라고 말한다. 칭의는 그리스도의 의로움을 전가 받는 것이고, 성화는 거룩함을 분배받게 된다는 뜻이다. 물론, 칭의와 성화가 동시에 일어나기 때문에 전가와 분배가 동시적이며 함께 신자에게 일어난다.

웨스트민스터 대교리문답에서도 후커에게서 발견되는 방식으로 칭의와 성화의 차이를 설명한다. "성화는 칭의와 뗄 수 없게 결합하여 있지만, 하나님은 칭의를 통해 그리스도의 의를 전가하고, 성화를 통해 성령은 은혜를 주입하여 그것을 사용할 수 있게 한다는 점에서, 그리고 전자에게서는 죄의 사함을 받고, 후자에서는 죄가 굴복된다는 점에서 이 둘은 서로 다르다."(제77문) 대교리 문답에서 "주입된 은혜"라는 표현의 사용은 "소질"이라는 개념을 반영한 것이다. 예컨대, 앤드루 윌렛 (1562-1621)은 "교황주의자들의 … … 은혜의 구분"은 먼저 수정을 거친 후에야 사용할 수 있다고 말한다.

월렛(Andrew Willet, 1562-1621)은 로마 가톨릭의 주입된 은혜라는 개념을 기꺼이 용납하지만, 칭의가 아니라 성화와 관련해서만 사용한다. 마찬가지로 그는 소질이라는 용어와 주입된 은혜라는 용어를 상호 대체로 사용하기도 한다.

이와 비슷한 태도는 존 대버넌트(John Davenant, 1572~1641)에게서도 나타나는데, 그는 자신의 골로새서 주석에서 이렇게 쓴다. "우리에게 돌려지는 육정을 죽이는 행위는 주입된 은혜 즉, 우리가 성령에 의해 이루어지는 내적이거나 습성적인 육정의 죽임이라 불러온 것으로부터 생겨나는 힘(energia)또는 작용이다."

성화와 관련해서 "소질"이라는 용어를 사용한 신학자들로는 하인리히 블링거(1504-1575), 존 칼빈, 존 다우네임, 윌리엄 펨블, 에드워드 켈렛(1583-1641), 새뮤얼 앤슬리(1620-1696), 존 오웬(1616-1683) 등이 있다.

에드워드 리는 유효한 부르심과 성화 사이의 고유한 관계에 대한 논쟁에 주목한 유일한 신학자는 아니었다. 리처드 백스터는 회심, 회개, 중생, 성화, 소명이 모두 심령에 대한 성령의 동일한 역사를 표현하는데 사용되는 용어들이고 그런 용어들 사이에는 오직 작은 차이만 있을 뿐이라고 주장했다. 그것은 에드워드 리도 마찬가지였다.

백스터는 소명 또는 부르심은 종종 하나님의 행위를 가리키는 데 사용되고(살전 2:12) 두 가지 의미로 해석된다고 말한다. 하나는 죄인들이 외적으로 신앙고백을 하게 되는 것을 가리키는 일반적인 의미이고 다른 하나는 사람들이 그리스도께 회심하여 실제로 구원받는 것을 가리키는 특별한 의미이다. 그는 후자가 "심령에 대한 첫 번째 효과, 즉 다른 모든 은혜에 앞서 이루어지고 순종을 수반하는 믿음의 역사 자체"를 가리킨다고 주장한다. 하지만 중요한 것은 이 용어들의 적절한 사용에 대한 논쟁과 관련해서 백스터가 한 말이다. "어떤 신학자들은 오직 성령은 심령 속에서 믿음의 첫 번째 역사만을 불러일으키고, 그 역사를 통해 소질이 생겨나며, 그 소질이 그들이 성화의 역사라 부르는 모든 은혜의 씨앗이라고 인식하기 때문에, 소명(부르심)은 성화의 다른 역사라고 인식한다." 백스터의 설명은 표준문서의 표현, 특히 "모든 은혜의 씨앗"이라는 어구 및 그것과 병행되는 대교리 문답의 표현인 "생명으로의 회개와 다른 모든 구원의 은혜의 씨앗이 그들의 심령에 들어간다"(제75문)는 구절을 반영한 것이다.

이 "소질"이라는 표현은 웨스트민스터 신앙고백이 성화를 은혜의 주입과 거룩함을 향한 성향이라는 관점에서 인식한다는 것을 분명히 보여주긴 하지만 이 신앙고백에서는 신자들이 "그리스도의 말씀과 그들 안에 거하시는 성령에 의해 그리스도의 죽으심과 부활의 효력으로 말미암아 실제로 개인적으로" 성화 된다고 말함으로써,(13.1) 성화의 원천이 그리스도와 성령임을 분명히 한다. 달리 말하면, 신자들 안에는 비인격적인 힘이 내재해 있는 것이 아니라 그리스도가 내주하고, 그들은 그와 연합한다는 것이다.

이 회의의 신학자 중 한 사람이었던 윌리엄 브리지(William Bridge, 1600-1670)는 성화에서 주입된 은혜의 소질을 반복해서 언급하지만, 다음과 같이 구별한다. "만일 그리스도가 오직 은혜의 소질을 통해서만 신자 안에 계시고 심령 안에 계시는 그리스도가 은혜의 소질에 지나지 않는 것이라면, 그것은 신자와 그리스도가 연합되어 있다고 할 수 없다. 하지만 예수 그리스도가 성령에 의해 각각의 신자와 실제로 연합되었다면, 그것은 진정한 연합이다." 브리지가 주입된 소질과 그리스도와의 연합을 서로 연결한 것은 개혁주의 신학자들 사이에서 독특한 것은 아니었다. 그런데도 몸 전체에 대한 죄의 지배가 멸해지는 것은 은혜의 주입으로 말미암고, 은혜의 소질은 실제적인 "거룩함의 실천"으로 이어지며 "이 거룩함이 없이는 아무도 주님을 뵐 수 없게 된다."(13.1) 죄의 지배가 무너지면, "성화는 전인적으로 전체에 걸쳐 일어난다." 그러나 이 신앙고백은 성화가 불완전하다고 규정한다. 이 성화는 "현세에서는 불완전하여, 모든 부분에 부패의 잔재가 여전히 남아 있다. 거기로부터 지속적이고 화해할 수 없는 전쟁이 일어나서, 육의 정욕은 영을 거스르고 영은 육을 거스른다."(13.2)

웨스트민스터 신앙고백이 이렇게 정의한 이유에는 두 가지 목적이 있다. 그 첫 번째는 반율법주의자에 대항하기 위해서이며, 다른 한 편으로는 로마 가톨릭, 아르미니우스주의, 소키누스주의 같은 신율법주의자에 대항하기 위해서였다. 반율법주의자들은 칭의로 인해, 또는 신자와 그리스도의 연합으로 인해 완전하고 총체적인 죄로부터 자유롭다고 가르쳤고 신율법주의자들은 칭의를 위해서 선행이 필요하다고 가르쳤기 때문이다.

조나단 에드워즈(Jonathan Edwards, 1703-58)는 거룩한 자질

이 칭의에 앞선다고 하였다. 그에 의하면, 율법적인 방식에서 의롭다 하심은 사람이 실제로 의롭다고 인정받을 수 있는 어떤 시점까지 계속 거룩함을 행하지 않으면 얻을 수가 없다. 그러나 복음의 방식에서는 거룩한 행위가 일어나기 이전에 의롭다 하심을 얻는다. 거룩함이 시작되는 바로 그 시점에서 의롭다 하심을 얻는다. 말하자면, 그의 거룩함의 여정의 첫 지점, 첫 단계에서 그의 거룩함이 시작되자마자 그 순간에 의롭다 하심을 얻는다고 말할 수 있다.

　복음적 칭의는 사람이 어떤 습관적 거룩함을 가지거나 행동의 어떤 확립된 원리로써의 거룩함을 가지기 전에 의롭다 하심을 얻는 것이다. 에드워즈에 의하면, 칭의 이전에 거룩한 성향은 있다는 것이다. 그러나 습관적인 거룩함은 칭의 이후에 온다.

　이는 거룩한 소질, 즉 그리스도의 의의 주입이 의의 전가와 동시에 일어난다는 것은 왓슨의 주장과 동일하다. 칭의와 성화는 한데 일어난다. 의롭다함을 받은 자는 거룩함도 함께 받는다. 이러한 거룩함이 즉각적이며 또한 점진적이라는 것은 웨스트민스터 신앙고백서에서도 말하고 있다. 즉, 에드워즈는 의로움과 거룩함이 함께 일어나며, 거룩한 소질은 칭의를 받는 순간에 신자가 의로움을 받고서 어떤 선한 행위를 하지 않았어도, 거룩함은 이미 내재한다는 의미이다.

　이런 결과가 나타나는 것은, 에드워즈도 왓슨과 마찬가지이다. 칭의와 성화가 동시적이며, 또한 필연적으로 일어남이라 그러하다.

이렇듯 왓슨의 소극적 성화는 '소질'이라고 불리는 성령의 은혜 주입임을 알 수가 있다. 유효한 소명 안에서 그리스도와 연합이 이루어진 신자들은 그리스도의 의의 주입인 내재적인 의가 발현된다. 백스터의 주장대로 이러한 형태는 회개, 회심, 중생으로 표현된다. 죄를 깨달아 가는 과정은 성령 하나님의 은혜 주입으로 일어나며, 이를 소질이라고 한다. 왓슨은 이러한 성령의 회개 역사하심을 '소극적 성화'라고 한 것이다.

구원의 서정

현대 신학에서는 주로 존 머레이(John Murray)가 주장한 구원의 서정을 따른다. 그가 말하는 구원의 서정은 "소명, 중생, 믿음과 회심, 칭의, 입양, 성화, 견인, 그리스도와 신비한 연합, 영화"이다. 또한 그는 이 각각은 하나님의 활동과 은혜 속에서 그 고유의 특징적인 의미, 기능 그리고 목적을 지닌다고 한다. 루이스 벌코프(Louis Berkhof)는 구원의 순서(Ordo Salutis)를 그리스도로 이루어진 구원 사역이 죄인의 삶과 마음속에 주관적으로 실험 되는 과정이며 그것은 구원 과정의 논리적인 순서이고, 그 과정 중에 서로 상호연관 된다고 하였다. 또한 성령께서 구원 사역 가운데 임하시어 다양하게 역사하시는 사역을 기술하는데 그 목적이 있다고 했다.

이처럼 존 머레이나 벌코프와 같은 현대 신학자들도 구원의 순서를 시간상의 순서라기보다는 논리적인 순서로 기술한다. 또한 구원의 순서를 구원 과정에서 역사하시는 성령의 다양한 활동들 사이의 상호 연관 관계라고 말하고 있다.

17세기 왓슨이 살았던 시대는 반율법주의나 신율법주의가 난무하던 시대였다. 당시에 정통 개혁주의자들은 이들과 논쟁하면서 자신들의 주장을 정리하게 된다. 그런 관점에서 우리는 구원의 서정이 시간적인 측면으로 열거되는 것이 아닌, 그리스도와 연합을 통한 구원의 단계라는 것을 기억해야 할 필요가 있다.

개혁주의에서 칭의와 그리스도와 연합은 중요한 주제이다. 또한 구원의 서정이 종교 개혁 이후의 신학에서 택하심, 부르심, 믿음, 칭의, 성화, 견인, 영화와 같은 순서를 가리키는 전형적인 전문용어가 된 것도 사실이다.

왓슨의 소극적 성화에 대해서 살펴보기 위해서는 구원의 서정에 관한 문제를 살펴볼 필요가 있다. 소극적 성화가 칭의 이전에 일어난다는 것은 자칫, 선한 행위를 통한 구원이라는 오해를 가질 수 있기 때문이다. 이는 신율법주의에 해당되는 것이다. 이러한 오해에 대한 반박을 위해 각 신앙고백서와 칼빈에게서 나타나는 회심과 칭의와 성화에 대해서 찾아볼 것이다. 또한, 왓슨의 저서에서 나타나는 소요리문답 형식의 구원의 서정 안에서 회심과 칭의와 성화를 살펴보고자 한다.

신앙고백서의 칭의와 성화

아우구스부르크 신앙고백서
(Augsburger Bekenntnis, 1530)

이 고백서는 '조항 4'의 '칭의론'에서 이신칭의를 말한 다음, '조항 6'의 '새로운 복종'에서 칭의함을 받은 자들의 선행을 다룬다. '조항 12'의 '회개'에서는 칭의를 받은 다음 지은 죄에 관해서 설명하고 있다.

제4조 이신칭의: 우리는 우리의 공로와 행위 그리고 공의로운 만족을 통해 죄 사함과 하나님 앞에 의로움을 얻을 수 있는 것이 아니다. 그리스도께서 우리를 위해 고난을 겪으셨고 자기를 위해 우리의 죄를 사하시며 의로움과 영생을 선사하셨다는 사실을 믿으면, 우리는 그리스도가 주시는 은혜로 말미암아 믿음을 통해 죄 사함을 받고 하나님 앞에 의롭게 되는 것이다. 그 이유는 바울이 로마서 3장과 4장에서 말한 대로, 하나님은 이 믿음을 우리 앞에 유용한 의로 보고 계시기 때문이다.

제6조 새로운 귀의(복종)에 관하여: 이 믿음은 반드시 좋은 열매를 맺게 되며 또한 하나님께서 명하신 선을 행할 필요가 있다고 본다. 이러한 선행을 통해서 우리가 하나님 앞에서 의롭게 된다는 것이 아니다. 죄의 용서는 의인의 믿음에 의하여 가능하기 때문이다. 교부 암브로시우스는 "우리의 공적 없이 믿음으로써만 구원 받는 것은 하나님이 정하신 뜻이다"라고 말한다.

제12조 거듭남(회개)에 관하여: 세례를 받은 후에 타락한 사람

들을 위해서 언제든지 그들이 회개할 때 죄의 용서가 있다. 그리고 교회는 이와 같이 회개하는 사람에게 사면해야 한다. 회개는 다음에 두 가지 성분으로 성립된다. 하나는 크게 뉘우침인데 죄를 알게 되어 양심에 찔림을 느끼는 공포이며 다른 하나는 믿음이다. 이 믿음은 복음이나 죄의 용서에서 유래하며 그리스도로 인하여 죄 사함을 받는 것을 믿고 양심을 위로하며 공포로부터 양심을 해방한다. 그리하여 회개의 열매인 선행이 반드시 따라오게 된다.

이 고백서에서는 왓슨의 소극적 성화의 형태가 보이지 않는다. 이 고백서는 칭의 속에 죄 사함이 포함되어 있다. 이 고백서의 회개는 왓슨의 적극적 성화의 내용과 유사하다. 세례 받은 사람이란 칭의 받은 이후의 성화를 말한다. 이는 왓슨의 적극적 성화에서 나타나는 회개를 의미한다.

조화 고백서 (Konkordienformel, 1577)

루터파의 '조화 고백서'도 구원을 설명할 때 아우구스부르크 신앙고백서와 크게 다르지 않다. '조화 고백서'는 하나님께서 인간을 구원하시는 요소들을 언급한다. 이런 상호 간의 관계를 말함으로써 구원의 방법을 설명한다. 여기서는 먼저 그리스도께서 우리의 의가 되는 것은 신성과 인성으로 죽기까지 순종하심을 통해 죄 사함과 영생을 얻어 놓으셨다는 것에 있음을 가르친다. 심지어 우리의 의(義)도 그리스도의 의(義)에 힘입어 하나님 앞에서 인정을 받는다는 것이다. 그리고 그리스도의 의를 나의 것으로 만드는 수단이 믿음임을 고백 한다.

조화 고백서에서는 '칭의'를 '중생', '살리심'과 동일시한다. 이 고백서는 제4장 '선행에 대하여'에서 성화를 설명할 때는 참 믿음에 열매로서 나타나는 그 무엇이라고 설명하고 있다.

이 고백서는 '하나의 은혜'가 각각의 요소를 개별적으로 일으키는 것으로 가르친다. 부르심, 조명, 회심, 중생, 칭의, 성화, 견인, 새롭게 함, 그리고 영화. 이런 순서대로 구원이 이루어지는 것이 아니라 하나님의 은혜가 이런 요소들을 개별적으로 유발한다는 점이 중요하다. 구원의 서정이 시간적으로 배열된 것이 아니라는 것이다. 또한 논리적으로 하나의 단계에서 그 다음 단계로 넘어가는 것을 설명하는 것이 아니라는 점이다. 구원의 단계 하나하나의 것들이 하나님의 역사하심이다. 칭의가 거듭남이나 살리심과 같은 의미로 쓰인 것은 칭의의 의미에 더 집중하기 때문이다. 왓슨의 소극적 성화의 의미가 조화 고백서에서는 보이지 않는다.

하이델베르크 신앙고백서

(Heidelberger Katechismus, 1563)

리처드 멀러(Richard Muller)는 구원의 서정과 그리스도와의 연합 교리 측면에서 우르시누스와 청교도 신학의 연관성을 살폈다. 하이델베르크 요리문답은 구원의 서정의 구조를 가지고 있으며, 이러한 구원의 서정은 윌리엄 퍼킨스와 윌리엄 에임스에게서 나타난다. 즉, 하이델베르크 요리문답은 퍼킨스와 에임스에게 영향을 준 것이라고 멀러는 주장한다.

하이델베르크 요리문답은 세 가지 구조로 되어 있다. 첫 번째는 죄를 깨닫는 것, 두 번째는 은혜 원리, 세 번째는 감사이다. 하이델베르크 요리문답에서 회심은 세 번째 부분 앞에서 다룬다.

질문 88: 진정한 회심은 무엇으로 구성됩니까?
답: 두 부분입니다. 옛 자아가 죽는 것과 새사람으로 사는 것입니다.

우르시누스(라틴어: Zacharias Ursinus,1534- 1583)는 이 부분을 설명하면서, 중생, 회개, 회심을 같은 의미로 사용하고 있다. 특히 그는 라틴어의 단어들이 같은 것을 표현하는 것이라고 하였다. 물론 회개는 회심보다 넓은 의미를 함축한다. 회심이란 언어는 오직 경건한 자를 언급할 때 사용하는 것이라고 하였다. 그는 회심을 두 부분으로 나누어서 말하고 있는데 옛 자아가 죽는 것(Mortification)과 새 사람으로 나아가는 것(Quickening)이라 한다.

그의 회심의 첫 번째인 옛 자아가 죽는 것은 정도(degree)와 단계(gradation)이다. 이는 죄를 아는 것과 그것에 따른 하나님의 심판을 아는 지식이 있어야 하며 그로 인하여 죄에 대해서 슬퍼하고 죄에 대해서 미워하면서 그것을 피하려고 애를 쓰는 것이다.

또한 새 사람으로 깨어나는 것은 하나님의 자비에 대한 지식과 그리스도 안에 있는 하나님의 은혜를 적용하는 것이며 그리스도를 통해서 하나님과 화목하게 되었다는 것이다. 그것으로부터 기쁨을 누리고 순종을 시작하는 것이며, 순종하기 위한 열망이다.

우르시누스에 의하면 이러한 회심은 믿음에서 나온다고 했다. 그는 회심을 회개나 중생과 같이 사용하지만, 회심은 분명한 중생의 효과로 보고 있다. 그래서 회심이라는 말을 사용할 때는 온전한 회개와 진정한 믿음의 증거라는 점을 강조하게 된다.

우르시우스에게 회심의 가장 주된 원인은 성령 하나님이시다. 그리고 회심의 도구 혹은 수단적 원인은 율법이다. 그는 율법 - 복음- 율법의 순서로 설교해야 한다고 했다. 또한 회심의 도구이며 내적인 원인은 믿음이다. 회심의 원인으로는 고난과 어려움 같은 십자가를 든다.

우르시누스의 회심은 변화이다. 마음과 정서의 변화는 중생에서 나온다. 이는 성령의 영향력 아래 있다. 이러한 변화는 왓슨의 소극적 성화와는 조금 다르다.

우르시누스의 회심은 왓슨의 적극적 성화와 유사하다. 이는 그리스도와 연합 이후에 나타나는 적극적 성화이다.

우르시누스의 회심의 효과는 이웃사랑, 순종의 열망, 선행과 새로운 순종 다른 이들을 구원으로 이끌고자 하는 마음이다. 이것이 회개의 열매라고 하였다.

우르시누스의 회심은 그리스도와 연합을 통해서 드러난 성화로 보인다. 죄의 각성을 통해 깨끗해지고 그리스도와 연합으로 완전한 변화가 나타난 것이다. 옛 자아가 죽은 것과 새로운 것으로 나아감은 칭의와 성화를 의미한다고 보아도 무방해 보인다.

제2 헬베틱 신앙고백서
(Confessio Helvetica Posterior, 1566)

제 2헬베틱 신앙고백서는 14장에서 '인간의 회개와 회심'을 다루고 15장에서 '신자의 참된 칭의'를 논하면서 인간의 상태 혹은 패러다임을 바꾸는 문제를 다루고 16장에서 '선행' 문제를 다룬다.

제2 헬베틱 신앙고백서는 참된 회개를 '온전히 바로 하나님과 모든 좋은 것을 향해 고개를 돌리고 사단과 모든 악으로부터 끈질기게 고개를 돌려 벗어나는 것'을 의미한다고 했다. 여기에는 이전 상태 곧 죄를 범한 상태에 대한 후회와 떠남에 대한 예를 성경에서 구체적으로 언급하여 회개를 설명한다. 그 내용에는 회개한 여인(눅 7:38) 베드로의 회개(눅 22:62) 세리의 회개(눅 15:18절. 18:33) 여기에는 심판자이신 하나님과 심판의 대상자인 죄인 사이의 관계 차원에서 회심을 설명하는데, 비록 율법과 성령이 직접 언급되지 않으나 문맥 속에 내포되어 있다. 즉 구원을 '회심'이란 용어를 통해 설명하는 것이다.

이 고백서는 15장 '신자들의 참 칭의에 대하여' 에서 심판자 하나님, 심판의 대상인 죄인, 세상 죄를 짊어지신 예수 그리스도 사이에 심판 관계를 통해 구원을 설명한다. 여기는 전가 문제가 구체적으로 거론된다. 예수 그리스도의 의가 죄인들에게 전가되어, 우리는 하나님의 긍휼하심과 예수에 대한 믿음을 통해 칭의를 받았음을 가르친다. 이 심판에 작용하는 믿음은 살아 있고 생명을 창조하신 믿음을 강조하면서 성령의 역사를 간접적으로 조명한다. 16장의 '믿음, 선행과 보상, 인간의 공로에 관해서'는 그리스도의 선행을 설명한다. 이 선행도 하나님과 관계 차원에서 이루어짐을 가르친다. 우선 이 선행은 예수 그리스도에 대한 믿음 때문에 하나님 앞에 합한 것이고 성령으로 말미암는 믿음을 통해 생겨난 선행이며, 그 기준은 율법이다.

스위스 신앙고백이라고 불리는 제2 헬베틱 신앙고백서에는 참된 회개의 부분이 칭의에 앞선다. 이는 왓슨이 말하고 있는 소극적 성화와 내용이 유사하다. 전체적으로 죄에 대한 각성으로 보인다. 죄로부터 돌이킴이며, 이 과정에서 율법과 성령의 역사하심을 말하고 있다.

도르트 신경(The Canons of The Synod of Dort. A.D. 1619)
하나님께 선택함을 받은 자들은 유기된 자들과는 달라서 '믿음'과 '회개'를 얻을 만한 은혜가 부여되며 그와 동시에 하나님은 택한 자들을 어둠의 권세로부터 구출하여 자기 아들의 왕국으로 들어서게 하신다고 했다. 이는 그들을 어둠으로부터 불러내어 놀라운 빛으로 들어가게 하신 이를 찬양하기 위함이다. 우리는 여기서 하나님께서 택한 자들에게 믿음과 회개를 부여했다는 표현에 주목할 필요가 있다. 또한 루이스 벌코프가 지적한 대로 이 신경에는 '중생'과 '회심'이 상호 교환적으로 사용되었다는 것을 알 수 있다. 이 말은 중생과 회심이 동일한 사건임을 지적한 것이다.

도르트 신경의 첫째 교리는 하나님의 선택과 유기(1- 18장, 잘못된 주장 배격으로 1절부터 9절까지), 둘째 교리는 그리스도의 죽으심과 이를 통한 인간의 구속(1- 9장, 잘못된 주장 배격 1-6절까지) 세 번째와 네 번째 교리는 인간의 부패와 하나님께로 회심과 그 회심이 일어나는 방식(1-17장, 1-9절)이며 다섯 번째는 성도의 견인(1-15장, 1-9절)이다.

도르트 신경의 세 번째와 네 번째 교리의 11장에서는 "택한 자들에게서 기쁘신 선을 이루시고 참 회개를 이루실 때 외적으로 복음이 선포되도록 하여 성령의 강력한 역사하심이" 12장에서는 "죽음에서 부활의 새 생명을 얻는 중생으로"라고 했다. 또한, 중생은 성령의 역사하심이라고 말한다.

이러한 부분을 통해서 중생하기 이전에 먼저 회개함을 알 수 있다. 이는 왓슨의 주장대로 칭의가 일어나기 이전에 율법을 통해서 죄를 깨달아가는 과정이 소극적 성화라는 것과 다름 아니다.

웨스트민스터 신앙고백서

(The Westminster Confession of Faith, 1643-1648)

웨스트민스터 신앙고백이나 대요리문답에 나타난 구원의 서정에서 중요한 것은, 그리스도의 체험이 일어나는 구원의 서정의 요소들 즉, 유효한 소명, 칭의, 양자됨, 구원하는 믿음, 그리고 회개와 같은 것은 계속 진행 중인 성취와 관계가 있는 다른 요소들인 성화, 선행, 견인, 구원의 확신보다 분명히 시간적으로 우선한다. 그리스도의 삶이 시작될 때 존재하는 요소들 가운데서, 웨스트민스터 총회는 마치 하나가 반드시 때를 맞춰 다른 하나의 다음에 오는 것처럼, 시간적인 순서를 전달하려고 시도하지 않았다.

더욱이 우리는 그러한 요소들은 믿음의 시작과 더불어 후에 지속되는 것과 연관된다는 것을 무시할 수가 없다. 견인되는 사람들은 의롭게 된 자들이고 또한 그들은 하나님의 양자이며 지속적인 경험으로, 구원하는 믿음을 갖고 회개를 실천한다. 대요리문답이 표면화하는 것은 이 모든 것이 은혜와 영광 속에서 이루어지는 그리스도와 연합, 친교의 여러 측면이라는 것이다. 그들은 한순간도 그리스도와의 연합으로부터 고립되어서는 안 된다. 총회는 구원의 방법에 관한 서로 다른 두 견해를 나타낸 것이 아니라 보완적인 견해들로부터 보이는 하나의 견해를 나타낸다.

웨스트민스터 신앙고백서의 10장에서 18장까지의 서술들은 구원의 서정(Ordo Salutis)의 형식으로 보인다. 청교도에 있어서 구원의 서정 방식의 서술은 윌리엄 퍼킨스의 황금 사슬(1592)로부터 시작되었으며, 퍼킨스가 구원의 서정 방식을 택한 이유는 예정을 설명하려는 변증적 목적이 있었음이다. 인간의 행위 혹은 협력이 구원의 요소들이 아니라 하나님의 은혜라는 것을 설명하기 위한 것이다. 그래서 퍼킨스의 구원의 서정 방식은 치밀하게 조직적이기 보다 구원의 원인적 순서를 설명하기 위한 목적이며, 그 내용은 은혜의 실행에 초점을 두고 있다. 이러한 구원의 서정 방식의 서술은 윌리엄 에임스(William Ames)로 이어졌다. 따라서 웨스트민스터 신앙고백서의 구원의 서정 방식의 서술은 퍼킨스와 에임스의 저작들로부터 영향을 받은 것이며, 웨스트민스터 신앙고백서 3장에서 하나님의 작정, 7장에서는 하나님의 언약, 그리고 8장에서 은혜언약의 중재자로서 그리스도를 다루었다. 이러한 구조와 순서들은 구원의 근거들을 설명하는 것이다. 그리고 10장에서 유효한 부르심을 시작으로 하여 구원이 실제화 되는 것을 진행적(ongoing)으로 그리고 완성을 향하여(outworking) 가는 것으로 설명하였다. 10장의 유효한 부르심은 오직 하나님의 은혜에 의한 것이며, 인간에게 어떤 것도 없음을 분명히 하고 있다. 특별히 믿음과 회개가 하나님의 선택에 근거하고 있음을 말하고 있는데, 이것은 그 당시의 알미니안주의를 논박하기 위한 것이나. 11장은 칭의를 다루었는데, 유효한 부르심과 연결하였다. 칭의를 하나님께서 자신이 선택한 백성에게 은혜를 베푸신(성령에 의해 그리스도에게로 그들을 이끌어내신) 결과로 설명하였다. 11장 1절은 로마가톨릭의 칭의 교리와 알미니안주의의 칭의 교리가 오류인 것을 드러내고, 2절은 반율법주의의 오류를 논박하는 것이다. 웨스트민스터 신앙고백서 12장에서는 양자됨을 설명하였는데, 의롭게 되었다면 또한 양자되었음을 의미한다고 했다. 그리고 웨스트민스터 신앙고백서 13장에서는 성화를 다루는데, 이중적으로 설명한다. 즉, 성화가 그리스도와 연합으로 즉각적으로 일어나며 평생 동안 지속된다는 것이다. 이러한 설명은 성화를 무시하는 반율법주의자들을 논박하는 것이다.

  웨스트민스터 신앙고백서에서는 유효한 부르심과 칭의 그리고 양자됨과 성화를 각 장별로 설명하고 있다. 여기에서 유효한 부르심 안에 성령의 역사하심이 있다는 것을 알 수 있다. 14장에 믿음과 15장의 회개와 16장의 선행이 뒤따른다.

  왓슨의 소극적 성화는 웨스트민스터의 신앙고백의 방식에 따르면, 칭의 이전인 유효한 소명에서 일어나는 것임을 알 수 있다. 이는 선행을 통한 칭의가 아니라는 것이 증명됨이다.

칼빈의 구원의 서정

칼빈은 정통주의 신학이 말하고 있는 구원의 서정을 나열하지는 않는다. 또한 칼빈에게 중요한 것은 그리스도와 연합이지 구원을 이루어가는 순서적 배열이나 논리적 설명이 중요하지 않았다. 하지만 벌코프가 지적한 대로 구원의 서정의 다양한 항목들을 체계적인 방법으로 분류한 최초의 인물이 칼빈이다.

아브라함 카이퍼가 주장한 대로 이 주제에 대한 칼빈의 발언이 다소 주관적인 것이라 할 수 있겠지만 그가 구원론의 새로운 개척의 길을 연 것은 틀림이 없다.

칼빈은 제네바 교리문답의 '회개'를 설명하면서 인간의 영적인 성향이 바꾸어짐을 지적한다. 그에 따르면, 하나님을 경외함으로부터 나오는 죄를 증오하고 의를 사랑하는 성향은 나를 부인하고 육신을 죽이는 쪽으로 나아가게 한다. 이로써 우리가 하나님의 영의 인도함을 받아 우리 삶의 모든 활동이 하나님의 뜻에 순종하도록 만들기 위함이라고 말한다.

기독교 강요의 제3권에서 나타나는 칼빈의 구원론을 굳이 순서로 정리하자면, 성령의 부르심- 믿음- 그리스도와의 연합- 회개- 중생- 지속적 칭의- 기도이다.

성령사역: 기독교 강요에서 나타나는 칼빈의 구원론을 서정으

로 말하자면 그 처음은 성령사역이다.

믿음: 회개 성령사역에 대해 논한 다음, 믿음에 대해 길게 열거하고 난 이후에 중생과 회개를 다룬다. 그는 중생과 회개를 순서적 나열로 나타내지 않았다. 단지 성령의 사역으로 중생과 회개는 신자의 상태 변화를 말한다.

복음을 전하여 죄가 용서됨을 알리는 목적은 죄인들이 사탄의 압박과 죄의 멍에와 타락한 생활 질고에서 풀려 하나님의 나라로 옮겨 가게 하려는 것이므로 이 복음의 은혜를 받아들인 사람은 반드시 과거 생활에 과오(過誤)를 버리고 바른길로 돌아서며 회개를 실천하는 데 전력을 다해야 한다고 했다. 또한 그는 회개를 '죽임과 살림'의 두 부분으로 나누어 설명하는 데서도 상태 변화를 중심으로 구원을 설명함을 알 수 있다. 이는 우르시누스가 하이델베르크 신앙고백서에서 회심을 설명하는 방법과 유사하다. 즉, 죄에서 죽고 의로 살아남을 말한다. 우르시누스가 칼빈의 영향에 따라 회심을 설명한 것으로 보인다.

중생과 회개: 칼빈은 중생을 회개와 동일시한다. 중생과 회개는 거듭남의 다른 표현일 수도 있겠다. 왜냐하면 칼빈은 회개와 중생이 그리스도와 연합한 신자들의 상태 변화에 주목하기 때문이다. 칼빈의 경우 중생은 성화와 동일한 것이다.

칭의와 성화: 칼빈은 기독교강요 제3권 11장에서 칭의를 본격적으로 설명하기 시작한다. '그리스도인 생활'과 같은 성화와 관련된 내용을 먼저 다루고 있는데 이는 성화, 중생, 회개를 동일하게 취급하기 때문이다.

칼빈은 중생된 자들의 영원한 의는 선을 행하였기 때문이 아니라 하나님의 의(義)가 그 안에 내재되었기 때문이라고 했다. 칼빈은 칭의를 설명하고 난 다음 성화에 대해 논의 하는데 기독교강요 제3권 14장에서 '칭의의 시작과 지속적인 발전'에 대해 언급한 다음 19장에서는 '그리스도인의 자유'에 대하여 20장에서는 '기도'에 대해 논의한다. 이것은 중생한 이들이 성화되어 나가는 방법에 대해서 설명한 것이다.

칼빈이 로마서 8장 30절에 나오는 황금 사슬에 대해 말한 내용은 구원의 서정을 말하기 위해 언급한 것이 아니고 고난당하는 그리스도인들을 위로하는 차원에서 소망을 주기 위해 그들에게 주어지는 복을 설명하면서 소명, 칭의 그리고 영화를 언급한 것이다.

권호덕은 자신의 논문에서 칼빈이 '예정하시고, 부르시고, 칭의하시고, 영화롭게 하다'라는 4개의 동사가 같은 시제(아오리스트)임을 주지하지 않고 단순히 히브리 완료형을 아오리스트 시제로 표현했다라고 말한 뒤 그냥 넘어가버렸다고 했다. 이런 점에서 에드와드 뵐은 동일한 시제가 동일한 사건임을 설명하는 것이라고 주장한다.

칼빈의 구원의 서정은 논리적이거나 시간적 순서의 나열이 아니다. 그리스도와 연합된 자들의 상태가 변화된 것에 주목한다. 회개와 중생과 성화를 동일한 내용적 의미로 반복하여 설명하는 것도 이러한 부분에 주목한 것이라 여겨진다. 그가 회개와 중생을 칭의 이전에 둔다고 말하기가 쉽지 않은 것은 구원의 요소들은 한데 얽혀서 설명되기 때문이다. 그가 중생과 회개를 같은 의미로 쓴 것은 회개가 성령을 통한 변화를 다루기 때문이다

왓슨의 구속의 적용

왓슨은 자신의 저서에서 '구원의 적용'이라는 제목으로 구원의 서정 형식을 나타낸다.

믿음- 유효한 소명- 징의- 양자됨- 성화- 확신- 평강- 기쁨- 은혜 안에서의 성장- 성도의 견인으로 나타난다.

그러나 이런 순서는 왓슨이 구원을 이루어가는 과정을 시간적 순서나 혹은 논리적 순서로 의도하고 있지는 않다. 다만 그는 구원을 이루는 각 요소들에 대해서 설명하고 있다. 예를 들면 믿음이란 무엇이며, 믿음의 종류에 대해서, 믿음이 어떻게 인간을 의롭게 하는가에 대한 것을 말하고 있는 것이다.

유효한 소명에서 왓슨은 로마서 8장 30절에서 4개로 연결된 주옥같은 구원의 순서가 있다고 말한다. "그들을 또한 부르시고" 부르심은 새 창조, 즉 첫 번째 부활이라고 정의하고 있다. 또한 왓슨은 유효한 부르심을 받았는지를 가리는 시험에 대해서 전과 후를 알 수 있다고 썼다. 이전 단계는 유효한 소명이 겸손케 하는 사역으로, 죄인임을 확인한다. 율법의 설복작업을 통해서 죄인의 마음을 갈아서 은혜의 씨를 받기에 알맞은 상태로 만든다고 했다. 이 부분은 칭의를 받기 위해서는 마음의 밭이 깨끗해져야 한다는 것이다. 그는 죄의 자각이 회심의 첫 번째 단계라고 했다.

왓슨의 유효한 소명에서는 죄의 자각이 아주 중요하다. 이는 칭의가 일어나기 이전의 단계이다. 앞서, 성화 우선성의 논쟁에서 보았듯이 유효한 소명에서 그리스도와의 연합이 이루어졌기 때문에 성령의 사역으로 인해서 회개가 일어난다. 회개의 사역은 성령의 사역이다. 이는 왓슨의 주장에서 칭의 이전에 놓인 소극적 성화가 죄의 자각이라고 하는 성령 사역임을 말하고 있다는 것을 알 수 있다.

이는 에드워드 리의 주장과 유사하다. 리는 앞서 "성화가 성령이 우리 안에 거룩함을 만들어내는 사역을 가리킬 때는 믿음과 칭의에 선행하고, 따라서 사도는 '거룩함과 의롭다 하심을 받았느니라'(고전 15:21, 실제로는 6:11)고 말하여 성화를 칭의 앞에 둔다."고 말했다. 이는 적극적 성화가 말하고 있는 영혼의 단련과는 다르다. 성령께서 죄를 자각하여 깨끗해질 수 있도록 하시는 단계이다. 율법을 통해서 자신의 죄를 깨닫는 순간이다.

칭의에서 왓슨은 죄의 용서와 그리스도의 의의 전가를 말한다. 왓슨의 칭의는 법정적 선포이다.

양자됨에서 하나님의 아들이 되는 자격은 "그리스도를 영접하는 것"이다. 믿는 자에게는 하나님의 아들이 되는 권세를 주심이다. 양자됨에는 두 가지 종류가 있는데, 외적 및 연합적 양자됨과 실질적 및 은혜적 양자됨이다. 외적 양자됨은 가시적 교회 안에 속해 하나님에 관한 신앙고백을 하는 사람들이며, 실질적 양자됨은 하나님께서 가장 사랑하는 자들로서 영광의 후사들이 되는 자들을 가리킨다.

성화는 거룩한 용도를 위해 성별화되고 분리되는 것을 의미함이며, 이는 소극적과 적극적으로 나눈다. 적극적 성화는 영혼을 영적으로 단련시키는 것이다.

성화의 다음으로 확신이다. 왓슨은 성화로부터 흘러나오는 유익들을 하나님의 사랑, 양심의 평화, 성령 안에서 희락, 은혜의 증가 그리고 세상 끝 날까지의 견인이라고 했다.

확신은 성화의 첫 번째 유익이다. 평강은 성화의 두 번째 열매라고 했다. 기쁨은 성화의 세 번째 열매이고 성도의 견인은 성화의 네 번째 열매이다.

왓슨은 구원의 순서를 유효한 소명과 칭의와 양자된 성화로 말하고 있다. 성화의 증거이자 열매로써, 확신, 평강, 기쁨, 성도의 견인이 있다.

왓슨의 칭의 이전에 일어나는 성화가 성령의 내주하심으로 인한 회심이며, 이는 구원의 중요한 요소 중에 한 부분이라는 것을 살폈다. 우리 하나님께서는 신자들을 부르실 때에 그에게 죄의 고백을 받으시고, 죄를 씻어 깨끗하게 하신다는 것을 알 수 있다.

[질문]

1. 성화 우선성 논쟁에 대해서 설명하라.
2. 성화 우선성 논쟁에서 에드워드 리의 중재안은 어떤 내용인가?
3. 은혜의 소질 또는 성향이라는 말은 어떤 의미인가?
4. 현대 신학의 존 머레이(John Murray)가 주장한 구원의 서정은?
5. 왓슨의 구원의 순서를 서술하라.
6. 왓슨의 칭의 이전에 일어나는 성화는 어떤 내용인가?

06.

의로움과 거룩함은 율법 그리고
복음과 함께 한다

율법의 구분
자연법과 양심법
율법과 복음의 성령사역
은혜 안에서 율법과 복음
성경의 통일성에 기초한 율법
모세의 법과 은혜의 법
율법과 복음의 관계
율법과 복음의 차이

신자는 오직 믿음으로 구원을 얻는다. 하나님의 자유로운 은혜로 인해서 신자는 그리스도의 의를 전가 받고, 그리스도의 의를 분배 받는다. 의의 전가는 칭의이고 의의 분배는 성화이다. 성화는 신자의 거룩성을 의미하는데 이는 내재적인 의를 뜻한다. 그리스도께서 신자에게 주신 이러한 거룩성은 점진적으로 영적인 훈련을 받아야 한다. 성화는 즉각적이며 점진적이라 그러하다. 이러한 과정에서 칭의와 성화는 율법과 복음에 상관한다. 즉, 칭의와 성화는 율법과 복음으로 이루어진다.

율법과 복음은 구원을 위해서 반드시 필요하다. 이는 율법과 복음이 칭의와 성화에 반드시 필요한 요소이기 때문이다. 복음은 오직 그리스도를 믿음으로 얻은 칭의에 필요하고 율법은 성화에 필요하다. 율법은 삶의 나침판 작용을 한다. 어떻게 살아야 하는가에 대한 궁극적인 답이 성화인 셈이다.

또한, 율법과 복음은 구원을 위해 서로 관계를 맺고 있는데 이를 간략하게 설명하면, 첫 번째는 영적사역이다. 율법에는 종의 영이, 복음에는 양자의 영이 있다. 율법에는 종의 영이라 일컬어지며, 이는 성령 사역을 의미한다. 성령은 율법을 통해서 죄를 드러내고 인간 스스로 어떠한 상황에 처하게 되었는지를 알게 한다는 의미로 종의 영이라 표현된다. 종의 영은 자각과 회개를 불러일으키며, 속박과 두려움을 느끼게 한다. 또한 성령은 우리의 영적 비참함을 보여주고 우리를 겸손하게 만들어 그리스도를 위해 준비되도록 한다. 이는 율법에 대한 가르침을 받아 성령께서 우리 안에 칭의를 위한 믿음의 은혜를 일으키게 하는 과정이다. 믿음에 앞서 죄를 정죄하는 율법 사역은 신자로 하여금 자신의 죄를 돌아보고 회개할 수 있도록 이끌어간다.

 율법과 복음은 인간이 자유로이 선택할 수 있는 문제가 아니다. 자기 구원을 위해 인간이 해결할 수 있는 문제가 아니란 의미이다. 율법은 택함 받은 백성들을 구원으로 이끄시기 위해 성령께서 역사하시는 것이며, 또한 택한 백성을 불러 그리스도의 의로 인 치시는 과정이 복음이다.

 이 둘은 전자나 후자 모두 하나님의 선물이며, 또한 영적이다.

 두 번째는 하나님의 인격적 위엄에 있다. 피조물에 대한 하나님의 은혜는 율법의 영원한 속성이라는 특성이 있다. 이는 하나님의 인격적 영광과 분리할 수 없다. 복음이 그리스도의 전적인 은혜로 이루어진다면, 율법 또한 하나님의 영원한 속성 아래 있으며 이는 신적인 계시라고 말할 수도 있다.

세 번째는 죄에 관해서이다. 율법은 창조 당시에 하나님께서 직접 주신 법이다. 아담의 실정법 위반으로 인해 인류는 타락하였다. 죄에서 구속하심이 복음이라면, 죄를 깨닫게 하는 것이 율법이므로 율법과 복음은 서로 떼어 내려고 해도 뗄 수 없는 관계임을 알 수 있다.

네 번째로 칭의와 성화의 문제이다. 칭의가 죄를 용서하는 것이라면 성화는 죄가 진압되는 것을 뜻한다. 율법은 칭의와 성화에 작동된다. 왓슨은 회개가 있어야 칭의가 가능하다고 했다. 또한 율법의 자기검열 기능 때문에 성화에 필요하다. 그러므로 율법과 복음은 불가분의 관계이다. 또한, 칭의와 성화의 측면에서 율법과 복음은 그리스도와 연합 안에서 상관성이 있다. 칭의는 복음과 관계된다. 이는 그리스도의 의의 전가로 인한 것이며, 율법을 지키고자 애쓰는 것은 성화의 과정이므로 그리스도의 의의 주입으로만 가능하다.

율법의 구분

신자의 삶에서 하나님의 율법 교리에 관한 한, 루터와 칼빈의 견해는 대부분 일치한다. 종교개혁 직후 신학에서는 율법의 세 가지 용도 - 죄를 저지하는 형벌적 용도, 그리스도께로 이끄는 교육적 용도, 그리스도께로 가게 하는 규범적 용도- 에 관하여 말하는 것이 전통이 되었다.

여기서 우리가 중요하게 보아야 할 것이 율법의 제3용도이다.

루터는 이를 다시 태어난 이후의 삶으로 보았고, 생명을 살리는 신자의 삶에서 규칙의 역할을 한다고 보았다. 이러한 종교개혁가들의 율법과 성화는 하나님과 성도의 관계를 증명해 주는 결과라고 할 수 있겠다.

자연법과 양심법

자연법과 모세율법을 동일시하는 주장은 초기 개혁자들의 공통점이다. 루터는 자연법이 시내산에서 명확하고 정확하게 요약되었다고 주장했다. 칼빈에게서도 동일한 사상을 발견할 수 있다. 그는 도덕법에 대한 해설 서두에, "우리가 앞서 언급한 내적 법은 비록 모든 사람의 마음에 새겨졌지만 두 돌판에 새겨진 법과 동일한 내용임이 분명하다"라고 진술한다.

도덕법은 인간이 지니고 있는 이성적 본성과 매우 밀접한 관계에 있기 때문에, 그것은 때때로 자연법이라고 일컬어진다. 청교도들의 판단으로 그것은 "사물들과 대조되게 우리의 본성을 만드신" 하나님의 행위에서 유래했으며, 그 의무는 그렇게 관련된 우리의 본성에 기인한다.

인간은 자연법과 관계되어 있을 뿐만 아니라 도덕적 자각을 가진 존재임이 증명되었다. 그러나 청교도들은 이것에는 인간이 자의식을 가진 존재로 창조되었다는 사실 이상의 무엇이 있다고 생각했다. 그들은 인간은 이성적 본성을 소유한 것 외에도 처음부터 하나님과 도덕적 관계로 묶인 특별 계시의 수납자로 보았다.

이것에 대한 청교도들의 통례적인 표현 방식은 하나님의 법이 인간의 마음에 "쓰였다"라고 말하는 것이다. 이는 그저 타고난 결과를 말하는 것이 아니라, 교제에 의해 얻어졌다는 생각을 담고 있다. 이는 로마서 2장 14, 15절에서 찾을 수 있는데, 바울은 비록 모세의 손에서 십계명을 정식으로 받은 적이 결코 없으면서도, "그 마음에 새긴 율법의 행위를 나타내는"이라고 적고 있다. 이는 그들에게 "마음 속 양심에 접붙여진 율법이 있었으며, 그것에 의해 그들이 선과 악에 관한 일반적 명령을 받았다"는 것을 의미한다고 엔서니 버제스(Anthony Burgess, 1600-1663)는 말한다. 이는 바울이 지적하듯이, 마음 안에 새겨진 율법은 다름 아닌 양심의 기초다. 즉, 도덕법은 양심법이라고 해도 과언은 아니다.

이러한 지식적 배경을 가진 청교도 왓슨은, 성경의 주된 범위와 목적은 구원의 길을 계시하려는 것이며, 성경은 그리스도를 분명하게 발견하게 해준다고 했다. 성서를 해석할 권위는 성령 하나님께만 있다. 성경 그 자체 혹은 그 안에서 말씀하시는 성령이 유일한 해석자라는 것이다. 또한 말씀과 일치하는 것 외에는 그 어떤 것도 진리로 받아들여서는 안 된다고 했다. 그러므로 기록된 말씀은 우리의 지침서이다. 하나님은 친히 손가락으로 당신의 율법을 기록하셨다는 것. 이는 우리의 죄에 대한 핑계를 미리 막는 수단이다.

왓슨은 십계명 해설의 서문에서 하나님께서 '직접' 말씀하셨다는 것을 강조한다. 이는 이성에 기초를 둔 권위이고 이는 반드시 지켜야 하는 도덕적 율법으로써 생활과 규칙이다. 그리스도인이 일상에서 반드시 지켜야 하는 율법이라는 뜻이다. 이는 우리를 의롭게 하는 규례이다. 그는 *A Body of Divinity*에서 교리를 설교할 때와 비슷하게 적고 있지만 그것의 테마는 적극적이다. 신자의 입장에서는 보다 실생활에서 행동해야 하는 것을 일러준 것이다. 그의 글에서는 신자들이 일상에서 적극적으로 수용할 수 있도록 삶의 적용과 권면을 한다. 이는 적극적인 가르침을 주고자 하는 의도이다.

십계명 서문은 "하나님이 이 모든 말씀으로 일러 이르시되"이다. 또한 "나는 너의 하나님 여호와로라"와 같이 성경의 다른 부분들은 거룩한 선지자들의 입을 통해 발표된 것이지만(눅1:70) 여기서는 하나님 자신이 '직접' 말씀하셨다. 하나님은 유대인들에게 친히 말씀하신 것이다. 이에 따라 율법의 제정자는 두 가지 요건이 있는데 그 첫 번째가 이성의 지혜로써 율법이 이성에 기초를 두고 있다는 의미이며 두 번째가 권위이다.

율법 자체는 '이 모든 말씀'이라고 하셨다. 다시 말해 통칭 십계명(Decalogue, Ten Commandments)이라 부르는 율법의 모든 말씀을 뜻한다. 이것을 도덕적 율법이라 한다. 이는 생활과 규칙이기 때문이다. 비록 도덕적 율법은 우리를 의롭다 칭해주는 그리스도가 아니지만 우리를 훈계하는 법규이다. 도덕적 율법은 변경할 수 없으며 그것은 변함없이 유효하다. 또한 이러한 도덕적 율법의 영속성을 나타내기 위해 돌판에 기록되었다. 하나님은 공포의 형식으로 율법에 영광을 부여하셨다. 하나님은 어떤 능력적인 작동에 의해 율법을 마치 당신의 손가락으로 쓰신 것처럼 판독 가능하게 문자화시키시고 언약궤 안에 넣어 보관케 하셨다. 하나님의 율법은 근신과 경건의 범위 안에 우리를 가두는 울타리이다.

율법과 복음의 성령사역

루터에 의하면 인간은 창조 이래 하나님의 율법을 알고 있었다. 이는 하나님의 손가락은 창조를 통하여 즉, "태어나면서" 율법을 모든 인간의 마음속에 기록하였다. 루터는 바울이 로마서 2장 14절에서 말한 것에 동의하며 이것을 언급하면서 가르친다. 비록 하나님이 모세를 통해 기록된 율법을 주시지 않으셨더라도, 인간의 영은 그가 하나님을 예배하고 그의 이웃을 사랑해야 한다는 것을 선천적으로 알고 있다는 것이다. 하나님을 사랑하고 인간을 사랑하라고 하는 것은 십계명인 율법과 동일하다. 인간의 마음 안에 새겨져 있는 율법의 내용은 모세의 율법과 동일하다. 복음서의 도덕적 권면 즉 우리의 이웃을 우리 자신처럼 사랑하라고 명령하는 마태복음 7:12의 규칙과 동일하다. 그러므로 모든 사람의 마음속에 기록되었기 때문에 모든 시대에 효력이 있고 모든 사람에게 알려진 단 하나의 율법이다. 처음부터 마지막까지 어떤 사람도 핑계를 댈 수 없다. 성령이 모든 사람의 마음속에서 이러한 율법을 말하는 것을 결코 멈춘 적이 없기 때문이다.

즉, 복음과 율법은 사람의 노력으로 이루어지는 과정이 아니다. 이는 성령사역이다. 또한 그리스도의 순종과 하나님의 뜻하심으로 우리의 구원이 이루어진다. 율법을 허락하신 하나님께서 예수 그리스도를 이 땅에 보내셔서 율법을 성취하게 하심은, 율법이 사라지게 하신 것이 아니라 그리스도를 통하여 구원을 이루게 하시기 위함이다. 율법은 그리스도를 통하여 완성되지만, 구원받은 신자들에게는 삶의 규칙이 된다.

청교도들은 "우리에게 우리의 영적 비참함을 보여주고 우리를 겸손하게 만들어 그리스도를 위해 준비되도록 하기 위해 종의 영이 먼저 사역해야만 한다" 거나 "영은 먼저 속박과 두려움의 영이 되어야만 한다"고 말함을 곤혹스러워하지 않았으며, 처음에는 아주 이상하게 보일 수 있는 것을 "해명하기" 위해 결코 편법을 강구한 적도 없었다. 성령께서는 죄를 입증하시기 때문에 "종의 영"(로마서 8장 15절)이라 불리신다.

종의 영은 당연히 인간 자신의 것이라고 표현할 수 있는데 인간의 타고난 혹은 타락한 영이 아니다. 그것은 하나님께로부터(은혜의 선물) 받은 영이며, 하나님의 성령이다. 그것은 회심을 위해서 뿐만 아니라 그 다음에 올 평안을 위해서 하나님의 택함 받은 자들의 마음에 근심을 일으키시는 바로 그 분이시다. 즉, 율법은 성령 없이는 무력하기 때문에 율법에 반대하는 것은 복음에 반대하는 것과 마찬가지이다. 왜냐하면 복음 역시도 성령 없이는 무력하기 때문이다.

은혜 안에서 율법과 복음

율법은 하나님의 사랑을 표현하고 인간에게 그러한 사랑의 삶에 참여하도록 한다. 하나님이 하나님 되시는 오직 이 사실에 붙어 있고, 이것이 제공하는 것, 즉 "나는 너의 하나님, 주님이다."라는 선언을 붙잡는 인간만이 구원을 받을 수 있다. 이런 의미에서 루터는 로마서 7장 10절의 바울의 진술에 기초하여 율법은 "유익을 위하여", "생명을 위하여", "생명의 교리와 말씀"으로 주어진 것이라고 말할 수 있다.

성경의 통일성에 기초한 율법

구약과 신약성경은 지속적으로 성화를 추구하도록 돕기 위해서 신자들에게 주로 초점을 맞춘 율법에 대한 해설을 담고 있다. 시편은 신자들의 속사람과 외적 삶 속에서 하나님의 법을 맛보는 것을 반복해서 역설한다. 시편 기자들의 최고의 관심사 가운데 하나는 하나님의 선하신 뜻을 확인하고, 나아가 하나님의 계명을 지키며 사는 것이다. 산상 설교와 바울 서신의 윤리적 부분은 율법을 삶의 법칙으로 적용시킨 신약 성경의 훌륭한 사례이다.

왓슨은 반율법주의자들이 성경의 권위를 무시한 점에 대해 반론을 제기하는데, 반율법주의자들이 구약성경은 쓸모없고 시대에 뒤떨어진 것이라고 무시하는 데에서 비롯되었다. 반율법주의자들은 구약성경을 믿고 따르는 자에게 "구약의 그리스도인"이라고 부른다. 그러나 그들은 하나님께서 구약의 어떠한 부분을 없애버리셨는지에 대해서는 논의가 없다. 왓슨에 의하면, 신구약 성경은 구원의 두 우물과 같다. 말하자면 반율법주의자들은 우물 중 하나의 구멍을 메우려는 것이다. 구약에도 많은 복음이 들어 있다. 신약의 위로는 구약으로부터 시작되었고 메시아의 약속 또한 구약의 "처녀가 잉태하여 아들을 낳을 것이다"(사 7:14)에 기록되어 있다. 구약의 몇 군데 기록된 도덕법은 복음을 선포한다. "나는 주 너의 하나님이니라" 여기에 복음의 정수가 함축되어 있다. 즉, 구약을 제거한다는 것은 삼손이 기둥을 넘어뜨리듯이 그리스도인들에 위로의 기둥을 제거해버리는 것과 같다고 왓슨은 말한다.

모세의 법과 은혜의 법

하나님께서 주신 은혜로 말미암아 모세의 법은 이제 더 이상 그리스도인들에게는 의미가 없어졌는가에 대한 질문은 청교도들에게는 중요한 문제였다. 모세언약 안에서 율법에 대한 신자들의 관계에 대한 고찰이 또 다른 일련의 문제들을 제기함은 언약 그 자체의 본질에 대한 청교도 견해의 미묘한 차이 때문이다. 대부분의 청교도는 모세 언약을 은혜언약의 일부라고 주장했으며, 이 전제 가운데 모세의 부분은 복음 시대의 "새 언약"에 의한 그것의 교체를 고려하여 "옛 언약"이라고 불렀다. 새 언약이 옛 언약을 대신했던 한에서 그들은 언약으로서의 율법이 폐지되었다고 말함이 참이라고 주장했다.

논란이 된 것은 그리스도인과 십계명 속에 요약된 도덕법과의 관계였다. 청교도는 십계명의 독특한 성격을 인정했다. 제임스 더럼(1622-1658)은 모든 성경이 자신의 말씀이지만, 하나님은 십계명을 자기 백성의 의무의 총괄적인 총체로서 특별히 지정하셨다고 말한다. 십계명은 독특하게 시내 산에서 하나님의 음성으로 말해졌고, 두 번에 걸쳐 하나님이 손가락으로 돌판에 직접 쓰셨고, 거룩한 언약궤 속에 보관되었으며, 그리스도와 사도들이 상술했다.

"십계명" 속에서 청교도는 모든 삶의 원리를 찾아낸다.

왓슨에게 도덕적 율법은 변경할 수 없으며 그것은 변함없이 유효하다. 비록 의식적 율법이나 사법적 율법은 폐지되었으나 그에게는 계속 작동 중이다. 하나님 입의 말씀으로 전달된 도덕적 율법은 교회에서 영구히 유효하다. 이것은 영속성을 나타내기 위하여 돌판에 기록되었다고 한다. 이로써 도덕적 율법은 매우 걸출하며 영광으로 가득 차 있게 된다. 또한 이는 하나님께서 직접 "공포의 형식"으로 율법에 영광을 부여하신 것이다.

그는 십계명의 서문을 해설하면서, "나는 너의 하나님 여호와라"와 "하나님이 이 모든 말씀으로 일러 말씀하시되"를 중요하게 다룬다. 그의 표현대로라면, 이는 "엄숙한 선포 직전에 울리는 나팔소리와 같다. 성경의 다른 부분들은 거룩한 선지자들의 입을 통해 발표된 것이지만, 여기서는 하나님 자신이 직접 말씀하셨다." 이는 하나님께서 율법의 제정자이시며 이는 지혜와 권위로서 선포됨이다. 이는 곧, 신앙의 정확한 모범이며 강령이다. 또한 진리의 표준이며 분쟁의 심판관이며 우리를 하늘나라로 인도하는 지도 원리이다. 비록 도덕적 율법이 우리를 의롭다고 칭해주시는 그리스도는 아니지만 우리를 훈계하는 법도라고 그는 말하고 있다.

율법과 복음의 관계

루터는 바울이 복음을 "약속"으로 본 것을 수용한다. 바울과 마찬가지로(고후 3:6) 그 또한 율법과 복음을 서로 반대 위치에 두고, 율법을 죽음의 사역으로, 복음을 영의 사역으로 설명한다. 모든 점에서 율법과 복음은 서로 상반될 뿐만 아니라 대립 속에서 서로 연결되어 있다. 그들은 날카롭게 구분되어야 하지만 서로 분리될 수가 없다. 그들은 서로 혼합되어서는 안 되지만 서로 분리되어서도 안 된다. 그들은 분리할 수 없게 서로 결합하여 있고 서로 연결되어 있기 때문이다. 칭의는 "율법에 대항하여" 일어난다. "율법과 복음이 서로 갈등 속에 있다고 생각하지 말라."고 주장한다.

칼빈은 하나님이 항상 자신의 백성을 동일한 법과 교리로 자신과 언약하신다고 했다. 구약과 신약의 두 번째 차이는 형태로 구성되어 있다. 구약은 실재의 부재 속에서, 그것은 본질 대신에 단지 형상과 그림자를 보여 주었다. 신약은 현존하는 진리의 본질 그 자체를 계시한다. 구약의 관점에서는, 그리스도의 오심이 미래에 있고 신약의 관점에서는 그리스도가 인간으로 오심은 과거다. 세 번째로 칼빈은 예레미야와 바울이 공통적으로 말하고 있는 '문자적'율법과 '영적'복음을 설명하는데 율법은 죄인의 죄를 지적하고, 그들의 악을 극복하도록 하지는 못하기 때문에 '문자'이다. 그러나 복음은 사람들이 거룩함을 시작하고 율법이 요구하는 것을 행할 수 있도록 하는 성령님을 소유하고 있다. 그들의 모든 죄는 그리스도의 구속 사역으로 용서받았기 때문에 복음은 '영'이다. 마지막으로 율법과 복음의 차이는 '속박과 자유'라고 하는 차이가 있다. 구약의 율법이 '속박'이라고 한다면 신약의 복음은 '자유'라는 의미이다.

칼빈은 루터와 달리 율법과 복음의 관계를 통전적으로 이해한다. 루터가 주로 율법-복음의 차별성을 기초로 구약과 신약을 해석했지만, 칼빈은 구약과 신약의 연계성과 통일성을 강조한다. 칼빈에 의하면, 양자는 구속사 속에서 계시의 '점진적 발전'구조로 연결되어 있다. 루터가 단지 그리스도를 증거 하는 문맥에서만 신구약의 통일성을 찾았다면, 칼빈은 넓은 영역에 걸쳐 본질적인 통일성을 보았다. 그것은 '한 하나님, 한 구세주, 하나의 구속사, 하나의 은혜 언약, 하나의 율법'이다.

율법과 복음의 차이

왓슨은 율법과 복음의 차이를 이렇게 설명한다. 율법은 우리가 하나님을 우리의 창조주로 경배할 것을 요구하며, 복음은 우리가 창조주를 그리스도 안에서, 그리스도를 통해서 경배할 것을 요구한다. 율법은 순종을 요구하나 힘을 주지 않지만(바로가 벽돌을 요구하면서 짚을 주지 않았던 것처럼) 복음은 힘을 준다. 택한 자에게 믿음을 주며, 율법을 달콤하게 하며 하나님을 섬기게 한다.

그리스도인은 하나님의 율법을 지킬 수 없지만, 하나님의 율법을 사랑한다. 그리스도인은 하나님을 온전히 섬길 수는 없지만 하나님을 기꺼이 섬긴다.

왓슨의 주장을 정리하자면, 도덕법은 우리 인간들을 의무의 한계 안에 거하도록 만든다. 거기에 반해 죄는 우리에게 주어진 한계를 넘어서는 행위이다. 두 번째로 하나님의 율법은 사람과 천사들 모두에게 부여하시는 여호와의 율법이다. 그것은 의롭고 거룩하고 선한 율법이다.(롬 7:12) 그것은 의로우므로 불공평한 부분이 없고 거룩하므로 불순한 부분이 없으며, 선하므로 전혀 편벽된 부분이 없다. 따라서 기름진 목장에 거하는 가축이 굳이 울타리를 부수거나 뛰어넘어 메마른 황야나 습지로 나아갈 이유가 없듯이 이 법도를 위반할 하등의 이유가 없다.

그에 의하면 어떤 사람도 하나님의 모든 계명에 순종할 수 없다. 율법주의적 의미에서 율법에 순종한다는 것은 율법이 요구하는 일체를 모조리 실천한다는 것을 의미하며 이는 아무도 할 수 없는 것이다. 죄가 우리의 원초적 의의 자물쇠를 깨트려 버렸기 때문이다. 하지만 참다운 복음적 의미에서는 도덕적 율법에 순종할 수 있게 된다. 이 복음적 순종은 도덕적 율법 전체를 준수하려는 참다운 노력 안에 내재한다. 이 의미는 내가 모든 일을 행하였다는 것이 아니라 내가 행할 수 있는 모든 일을 행했다는 의미이다. 이는 곧 그리스도의 완전한 의와 순종을 바라보게 되며, 그의 피로 말미암아 용서하심을 바라게 된다는 의미이다. 이러한 의미에서 도덕적 율법은 복음에 순종하는 길이며 비록 완전한 속죄에는 이르지 못해도 용서하심에는 이르는 길이다. 또한 우리의 순종은 불완전하지만, 우리의 보증이신 그리스도를 통해서 우리를 완전한 순종으로 보실 것이다. 율법이 정죄할 그러할 일도 하나님의 자비하심은 우리의 중보자의 피로 인하여 상주시길 기뻐하실 것이라고 왓슨은 말한다.

[질 문]

1. 율법과 복음은 구원을 위해 서로 관계를 맺고 있는데 이를 간략하게 설명한다면?
2. 종교개혁 직후 신학에서의 율법의 세 가지 용도는?
3. 인간이 태어나면서부터 가슴에 새겨진 율법은?
4. 율법의 제정자는 두 가지 요건을 갖춘다. 무엇인가?
5. 모세언약과 은혜언약의 관계는?
6. 율법과 복음의 관계는?
7. 왓슨이 말하는 율법과 복음의 차이는?

07.

거룩하게 살기 위한 방법적 제안

명령: 율법을 주신 하나님
순종: 거룩함으로 나아가며
　　　순종과 사랑
　　　경건의 실천

성화는 거룩함을 말한다. '내가 거룩하니 너희 또한 거룩하라' (벧전 1:16) 하신 하나님의 말씀을 돌이켜 신자는 하나님의 말씀에 따라 거룩하게 살아야 한다. 그 방법이 바로 율법이다. 죄를 발견할 수 있는 유일한 도구가 율법이었듯이 하나님은 신자들에게 이 땅에서 살아갈 수 있는 그리스도인의 삶의 지표가 되는 율법을 주셨다. 이는 하나님의 명령이다. 율법은 신자를 살리기 위한 하나님의 사랑이다. 그에 따라 신자는 하나님의 말씀에 순종해야 한다. 이는 단지 두려움과 공포로 임하는 순종이 아니라, 아버지의 말씀을 따르는 자식들처럼 순종하는 것이다. 이 또한 하나님께 대한 사랑이다.

명령과 순종은 왓슨이 말하는 성화의 배경이 된다. 이를 토대로 우리가 신앙생활을 하면서 일상에서 경건을 지킬 수 있는 성화의 방법을 왓슨의 저서를 통해서 알아보고자 한다.

명령: 율법을 주신 하나님

　왓슨에게 율법은, 구원을 받기 위한 직접적인 '칭의' 문제가 아니라 하나님과의 관계에 대한 문제로 읽을 수 있다. 왜냐하면 율법은 하나님의 명령적 권세이기 때문이다. 이는 단순히 창조주-피조물의 관계 측면에서만 보자면, 다소 규율적인 의미로 읽힐 수가 있다. 명령을 내리는 자와 그 명령을 수행해야만 하는 자와 같은 형태로 읽힐 수가 있겠다. 하지만 왓슨의 주장은 다르다. 그에 의하면 하나님과 피조물의 관계는 사랑이다. 하나님은 당신이 지으신 세계를 사랑하고 인간을 사랑하신다는 전제하에서 인간의 순종을 기대하며, 인간은 자신을 사랑하시는 하나님에 대한 기대로 그의 사랑에 응답하는 조건적 의미를 발견할 수 있다. 즉, 하나님을 사랑하는 신자는 하나님의 뜻을 알며, 하나님이 원하시는 것을 행하기 위해서 애를 쓴다. 또한 이는 겸손히 행하는 하나님 나라의 백성으로서 당연한 규칙에 대한 순종이다.

　하나님 나라 백성이 하나님의 법에 의존하는 것은 당연한 이치인 셈이다. 물론 하나님의 법을 온전히, 그리고 완벽히 지킬 수 없다는 것은 하나님께서 이미 아시고 계시며, 예수 그리스도를 통하여 구원을 얻도록 하셨다. 그렇다고 해서 온전히 그리스도의 은혜만을 의존한다는 것은 인간의 방종에 근거가 된다. 그러므로 하나님과의 관계가 원만한 사람은 하나님의 명령을 들을 수밖에 없다. 율법은 하나님과 관계를 맺는 신자들에게는 칭의에 대한 구속이 아닌, 구원에 대한 구속으로 해석할 수 있다.

리처드 홀즈워스는 도덕법의 정당성을 주장하면서 세 가지의 조건을 가져오는데, 첫 번째가 성경이 그 증거이며, 두 번째가 도덕법의 성격, 세 번째가 현재도 진행 중인 도덕법의 유용성을 말한다. 홀즈워스는 도덕법을 지키는 것이 기독교의 진정한 기준이라는 결론에 도출하게 되는데, 그는 이러한 십계명을 포함하는 도덕법의 근간을 요한복음 25장 10절에서 "네가 내 계명을 지키면, 너는 내 사랑을 지킬 것이다"에서 가져온다. 물론, 로마서 13:6, 3:31, 고린도전서 9:8, 에베소서 6:1에서도 같은 결론을 가져온다. 홀즈워스가 말하는 도덕법의 총체와 실체는 신과 이웃에 대한 사랑이라는 것이다. 이는 하나님을 사랑하면 이웃을 사랑할 수밖에 없다는 논리로 귀결된다. 이 부분도 왓슨과 같은 의견이다. 이는 하나님의 사랑과 인간의 순종으로 율법을 해석하는 왓슨의 사상적 배경이 된다. 이런 과정은 인간과 하나님과의 관계로 확장된다.

하나님의 권위는 하나님의 영광스러운 신성과 그분이 창조주시라는 사실에 있다. 하나님의 인격적 위엄, 그리고 피조물에 대한 하나님과의 관계는 하나님의 인격적 영광과 분리할 수 없는 하나님의 율법에 영속성이라는 특성을 부여한다. 사람이 군주의 법을 어기더라도 그의 인격은 모독하지 않을 수 있다. 하지만 하나님의 법은 그렇지 않다. 왜냐하면 하나님과 율법 안에서 그분의 형상은 후자와 전자를 매우 단단히 결합하고 있기 때문이다. 즉, 율법을 어기는 것은 하나님을 모독하는 행위가 된다.

하나님께서 하나님이신 경우에만 율법이 율법이며, 하나님께서는 만물의 원천과 목적이시므로 명령권을 가지고 계신다. 하나님의 주권은 창조주-피조물의 관계에서 나오며, 인간은 하나님의 도덕적 형상에 따라 지음 받았기에, "그런 피조물이 자신의 창조자께 도덕적 순종을 돌리는 것은 매우 당연하다."

우리가 행해야 할 것을 명하심은 우리가 되어야 할 것을 명하셨던 분께 반드시 속한다. 인간이 하나님의 피조물인 한, 그는 자기 창조자이신 하나님께 가능한 모든 복종과 순종을 돌려드려야 한다. 하나님께 순종하는 의무에서 벗어나려면, 그 전에 먼저 그가 피조물이기를 그만 두든지 아니면 하나님께서 그의 올바르고 최고이신 통치자이시기를 그만두셔야만 한다.

결코 하나님보다 더 위대한 분은 없다. 그러므로 모든 율법은 하나님의 영광을 위함이며, 인간은 자기가 하나님의 영광을 곁눈질하고 있지는 않은지 확인하면서 그 영광을 늘 그분께 돌려야만 한다. 하나님이 우리 모든 행위의 목적이 되셔야만 한다고 말함은 상상할 수 있는 한도 내에서, 가장 하찮은 행위라 할지라도 그것 역시 하나님을 위한 것이어야 함을 의미한다. 그런 의미에서, 죄는 하나님의 이름 전체에 대한 실제적 모독이다. 그것은 하나님의 공의에 대한 도전이며, 그 자비를 강탈함이요, 그 인내에 대한 조롱이며, 그 능력에 대한 멸시이고 그 사랑에 대한 경멸이다. 그것은 모든 점에서 하나님께 반대된다.

우리가 하나님과 직접 싸우는 것이다. 죄는 하나님의 주권을 빼앗는다. 그것은 하나님의 뜻에 대한 적대적인 의지(anti-will)다. 그것은 하나님의 권위에 대한 모욕, 그 분의 계명들을 멸시함, 하나님에 대한 경멸 그리고 하나님께 대한 불복종(unsubjection)이다. 다시 말하면, 하나님과 멀어지게 하는 죄는 하나님의 영예를 망신시키고 저하하는 온상이 되며 그 영예를 약탈하고 강탈하려고 한다. 하나님의 주권은 어느 죄에서나 다 무시되며, 모든 죄는 그분의 왕권과 존엄을 경멸하는 것이다.

죄는 하나님과 그의 율법에 대한 노골적인 반대이다. 그로 인해 하나님의 모든 권위가 그리고 그 가운데서 하나님 자신이 멸시를 당하신다.

하나님이 높임을 받으심과 피조물인 인간이 그분께 대한 의존과 복종하는 관계는 영적으로 매우 중요하다. 하나님의 인격적 위엄을 연구함은 종교개혁자들의 신학과 조화되며, 참된 영적 예배와 하나님의 구원 행위의 올바른 이해에 기초를 제공했다. 만약 신앙이 하나님과 관계에서 이루어지는 인간의 삶이라면, 하나님의 위엄을 바르게 설명하고 있는 참된 개념들은 신앙을 파괴하기 위해 위협하며 오는 인본주의의 풍조에 대항하는 보루로서 매우 유익하다. 그런 인본주의적 세력들은 17세기에 강했으며 오늘날은 더 큰 세력으로 활동하고 있다. 따라서 그 세력들에 맞서 하나님을 높이기 위한 현재의 반란은 하나님의 위엄이라는 청교도적 개념과 그 추론적 결과로서 하나님의 율법 교리를 재검토하는 데 호의적인 상황을 만든다.

순종: 거룩함으로 나아가며

하나님과 인간의 관계

칼빈의 시선에서 율법을 어떻게 바라보는가를 살필 수가 있는데, 그는 하나님과 인간관계의 측면에서 율법의 증거가 결단코 우리를 절망시키거나 용기를 잃게 하기 위해서가 아니라고 했다. 그것은 우리의 죄성과 범법을 위해서 하나님께서 주신 것이기 때문이다. 즉, 주님은 율법을 수단으로 우리의 연약함과 불결함을 생각나게 하신 후 그의 능력과 그의 자비에 대한 확신으로 우리를 위로하신다. 하나님께서는 오직 하나님의 아들 그리스도 안에서만 자기 자신이 우리에게 자비로우시며 화해적이라는 사실을 나타내 보이신다. 그도 그럴 것이 그리스도는 완전한 의의 보상자로 나타나셔서 율법을 이루셨고, 또한 인간의 죄를 의롭고 엄격하게 심판하시는 분이시다. 하지만 그리스도를 통해서 나타난 하나님의 얼굴은, 비참하고 무가치한 죄인들에게까지 은혜와 인자로 충만하다. 왜냐하면 하나님께서는 자기 아들을 우리를 위하여 내어주시고 이 아들 안에서 그의 너그러우심과 선하심을 우리에게 활짝 열어 보이시기 때문이다.

즉, 율법을 이루신 그리스도는 하나님께서 우리에게 보내주신 화해의 하나님이시다. 그리스도의 은혜는 인간이 죄에서 벗어나 그리스도에게로 돌아오게 하신다는 것을 알 수 있다. 이는 끝없이 인간을 사랑하시며, 그들을 불러주시고 그들과 화해하시고자 하는 하나님의 은혜에 있다. 율법의 작업은 그리스도의 의의 주입으로 인해 하나님의 거룩성에 참여케 한다.

　이러한 토대로 본다면, 도덕법 논쟁은 왓슨에게 있어서는 하나님과 인간의 관계 문제이다. 이는 구원받기 위한 노력의 문제가 아니라, 이미 구원받은 믿음의 백성들이 하나님 앞에서 어떻게 살아야 하는가에 대한 궁극적인 삶의 실천 문제다.

　왓슨은 하나님께서 자기 백성을 당신처럼 거룩하게 만드는 것이야말로 하나님께서 세상에서 추진하고 계시는 위대한 계획이라고 말하고 있다. 하나님께서 주신 그 많은 율법은 우리에게 정의를 비처럼 내리게 하시어 거룩하게 하려는 것이 아니고 무엇이겠는가? 라고 말하고 있다.

　이렇듯 하나님과 관계의 문제가 왓슨에게는 중요했다. 창조주와 피조물의 관계를 잇는 유일한 끈은 사랑이다. 하나님은 인간을 사랑함으로 말미암아 창조법을 주셨으며, 그들이 죄에서 벗어나기를 바라며 법을 허락하셨다. 그런데 아담의 타락으로 말미암아 인간은 하나님과 교제가 상실된 상태가 된 것이다. 이는 불행의 근본 원인이다. 아담은 하나님의 친구이자 사랑받는 인물이었다. 그러나 죄로 인해 그 모든 것을 상실당한 것이다. 그로서 하나님과 관계가 아닌 죄로 연결된 사단과 인간의 관계가 시작된다. 이를 왓슨은 네 가지로 설명하는데 '사탄의 권능 아래 놓이게 되었다. 하나님의 진노의 상속자가 되었다. 이생의 모든 불행을 당하게 되었다. 지옥과 영벌에 떨어지게 되었다.' 왓슨의 표현에 의하면 마귀가 죄인을 유혹으로 충동하면 그는 사탄에 복종하기 위해서 하나님의 모든 율법을 깨뜨려버릴 것이라고 한다.

순종과 사랑

하나님은 하나님이시고 인간은 인간이다. 하지만 인간은 종종 하나님의 하나님 되심을 잊고 산다. 더러는 자신이 자신의 삶의 주인인 양 행세하기도 한다. 모든 불행한 삶의 원인이 바로 거기에서 비롯된다. 인간을 만드신 하나님께서는 인간이 마땅히 해야 할 바를 아시고 이미 정해두셨다. 그러나 인간이 해야 할 바를 알기 위해서는 하나님께 나아가야 한다는 것과 그가 하나님이 되신다는 것을 근본적인 측면에서 깨달아야 한다. 즉, 율법을 지키기 위해서는 하나님과 인간의 관계 문제가 우선한다. 왓슨은 이 모든 과정이 순종과 사랑에 있으며 그보다 먼저는 하나님의 영광에 참여한 인간임을 말하고 있다.

하나님의 권위 안에 있는 순종과 사랑

존 벨은 신적 주권을 그 자신의 복종과 함께 인정하지 않을 수 없다고 가르친다. 이는 인간의 당연한 의무이다. 하나님의 하나님 됨은 인간의 의지 문제가 아니라, 천지를 창조하신 그 순간부터 결정된 문제이며, 하나님은 스스로 모든 권위로 당신이 창조하신 이 세계를 다스리신다. 그렇다면 창조주께 순종할 책임은 우리가 피조물이므로 우리 신분에 따른 자연스러운 결과이다. 만약 하나님의 명령들이, 그분의 명령들이기에, 인간의 의무를 구성하거나 결정하지 않고 인간에게 순종하도록 필연적 속박을 지우지 않는다면, 하나님께서 인간에 대한 자신의 권위를 잃어버린 것이다.

인간은 날 때부터 율법에 복종하는데, 그 이유는 도덕법이 언제든지 모든 사람의 양심, 즉 대부분을 알지도 못하고, 그것을 알려고 하지도 않는 분별없고 무지한 사람들의 양심까지도 구속하기 때문이다. (이런 도덕적 의미에 있어서)구속한다는 것은 양심이 스스로 그것에 복종해야만 할 그런 권위를 갖는 것이다. 그러한 순종의 의무는 도덕적 율법에 근거하고 있는데 그 책임은 바로 우리의 본성과 존재로부터 일어나며, 하나님과 인간 사이의 관계에 근거한다. 인간이 마땅히 행해야 하는 완전한 순종을 부정하는 것은 그가 인간임을 부정하는 것이다.

십계명의 서문에서, '나는 너의 하나님 여호와로라.' 또한 '너를 애굽에서 인도하여 낸, 종 되었던 집에서'라고 말씀하신 이 내용을 살펴보면, 하나님과 우리의 관계가 적극적으로 표현되었다는 것을 알 수 있다.

또한, '나는 너의' 또는 '너를 종 되었던' 이라는 표현은 하나님 자신을 드러내어서 우리와 하나님의 관계가 얼마나 친밀한가를 표현한다. 하나님과 인간의 관계가 분리될 수 없음을 말씀하신 것이다. 이는 기본적으로 '하나님 안에 너'라는 말에서 내포된 것은 '나'라는 1인칭 주체가 항상 버티고 있는 셈이다. 즉, '나 없이는 너는 성립할 수가 없다' 이는 적극적인 관계의 표현이다. 이러한 의미로 하나님 안에 인간이 항상 존재한다는 다른 표현이며, 적극적인 '사랑'의 표현인 것이다.

십계명은 하나님에게로 우리를 인도하여 끌어들인 말씀이다. 십계명의 서문은 율법의 서문이지만 순수 복음이다. "나는 너의 하나님"이라 함은 창조하심에 의해서 뿐만 아니라 택하심에 의해서도 그렇다. 이러한 말들이 하나님께서 인간에게 주신 도덕적 율법인 십계명의 서문이다.

비록, 인간의 삶에 죄가 침입함으로 어떤 무능력이 일어났다고 해도, 인간의 하나님께 대한 책임은 지워지지 않으며, 십계명은 모든 크리스천들에게 세상 마지막 날까지 구속력을 갖는다. 율법에서 하나님께서 정확히 의도하신 것만 다만 빚(debitum), 즉 명령받는 것을 행해야 할 신민의 의무이지만, 인간에 의해 행해지는 순종이 하나님께 필요한 어떤 것으로 생각해서는 안 된다.

율법의 의무적 본성의 가장 명확한 증거들 중에 하나는 타락한 인간의 율법에 대한 분개에서 발견된다. 죄 된 인간은 율법에 저항하는데, 그 이유는 율법의 거룩한 책임들에 의해 율법이 우선 그에게 저항하기 때문이다. 즉 법이 없으면 죄가 죽는 것이기 때문이다. 거꾸로 말하면 인간은 자신의 죄 된 본성에 의해 명령 아래 있으려 하지 않는다. 그러므로 하나님께 대한 신자의 회복된 관계의 최고의 증거는 순종이다.

율법의 영적 본성 안에서 순종과 사랑

신적이성으로부터 나와서 친히 하나님 자신에 의해, 또한 그토록 복된 목적으로 주어진 율법은 청교도들에 의해 하나님의 영광의 모사(模寫 transcript)바로 그것이라고 주장되었다. 인간이 하나님의 형상으로 지음 받았기에 인간 안에 쓰인 도덕법은 바로 그 형상 자체의 일부가 된다. 비슷한 견해로써, 인간 안의 도덕법은 신적 본성을 복사한 것이며, 그 안에 담긴 하나님의 의도는 하나님 자신 안의 영원한 공의와 선하심과 일치하므로, 율법을 폐기한다는 것은 자신의 공의와 선하심을 부정하는 것을 의미하게 될 것이다.

율법은 영적이어서 신자에게 그가 성취할 수 없는 것을 요구한다. 그것은 율법의 저자이신 성령님으로 말미암는, 내적 순종을 요구한다. 그러므로 이것은 우리에게 하나님의 도움을 갈망하고, 우리가 하나님의 영에 의해 강화되어 얼마간의 진리와 성실로 율법에 순종하도록 권할 수밖에 없다.

청교도적 견해는, 비록 인간이 스스로를 전향시키는 능력을 갖고 있지는 않지만, 인간 속에 은혜에 대한 수동적 능력이 있다는 것이다.

토마스 왓슨은 십계명 해설의 서문에서 순종과 사랑에 대해 말하고 있다. 이는 하나님께서 사람에게 부과하신 의무가, "계시하신 하나님의 뜻에 순종하는 것"이다. 순종이란 그 속에 신앙의 산 생명을 담고 있기 때문이다. 주 하나님의 말씀을 순종하며 그의 계명대로 실행하라고 하셨다. 그러나 지식 없는 순종은 맹목이며 순종 없는 지식은 절름발이이다. 하나님께서 우리에게 율법을 주신 목적은 순종이다. "너희는 나의 법도를 좇으며 나의 규례를 지켜 그대로 행하라"(레 18:4)라고 하였다. 지키게 할 목적이 아니라면, 왕이 무엇 때문에 칙령을 공포하겠는가?

하나님이 받으실만한 순종의 요소는 자원하는 마음(cum animi prolubio), 곧 자유롭고 기쁜 마음으로 해야 한다. 순종은 경건하면서도 열렬해야 하며, 모든 계명에 순종해야 한다. 순종은 진지해야 하며, 순종은 그리스도 안에서 그리스도를 통해서 해야 한다. 또한, 순종은 한결같아야 한다. 순종의 준칙은 도덕적 율법으로서 십계명 안에 포함되는 것이다. 순종이란 온 마음을 드리는 것이다. 이는 그리스도를 통하여, 간구함으로 이루어진다. "또 내 신을 너희 속에 두어 너희로 율례를 행하게 하리니"(겔 36:27) 이 말씀처럼 이 모든 것은 성령의 도우심으로 완성된다.

왓슨은 십계명의 전체 요지를 사랑이라고 설명한다.

십계명의 요지는 우리의 심정을 다하고, 우리의 영혼을 다하고, 우리의 능력을 다하고, 우리의 마음을 다하여 주 우리 하나님을 사랑하며, 또 우리의 이웃을 우리 자신처럼 사랑하라는 것이다. 그러나 정말 중요한 것은 사랑의 선행조건이 "지식"이란 점이다. 성령은 우리에게 하나님 안에 있는 지혜, 거룩, 자비의 아름다움을 깨닫게 해주신다. 그리고 이런 것들은 하나님께 대한 사랑을 유인하고 끌어내는 자석이 된다. 하나님이 요구하시는 의무는 사랑이다. 내 심정을 다하는 사랑의 능력이다. 하나님은 우리의 사랑을 절대로 잃지 않으신다. 사랑은 신앙의 핵심이며, 참다운 그리스도인을 구성하는 요체이다.

또한, 왓슨은 제4계명에 관한 율법의 준수에서 이렇게 말한다. "이 날은 하나님과 영혼 사이의 아름다운 교제의 날이다." 또한 그는 "성부께서는 이 날을 만드셨고, 성자께서는 이날에 살아나셨고, 성령께서는 이날에 강림하셨다.(행 2;1) 이날은 모든 선한 그리스도인들에 의하여 존귀하게 여김을 받아야 하고 숭배를 받아야 한다. 그리고 또한 기독교의 안식일은 하늘 안식일의 황혼(crepusculum)이고 여명이다. 이날은 존귀하다. 왜냐하면 이날에 하나님이 우리에게 내려오시고 방문하시기 때문이다. 하늘의 왕이신 하나님이 특별한 방식으로 회중들 가운데 임재 하시므로 이 안식일을 존귀케 한다."고 말하고 있다.

이를 통해서 우리는 왓슨이 하나님을 사랑하는 마음이 마치 살아있는 연인을 열렬히 사랑하는 것과 같은 마음인 것을 알 수 있다. 왓슨의 도덕법 준수가 이렇듯, 하나님께 더 나아가기 위한 그리고 하나님을 조금 더 사랑하며 붙들기 위한 몸부림으로 보이기도 한다. 이는 그가 말한 대로 하나님은 인간을 향해 율법을 얼마나 지켰는가를 따지시는 분이 아니라, 그 마음의 중심을 보시며 얼마나 하나님께 집중하며 애썼는가를 보시겠다고 하는 왓슨의 주장에 근거이다. 어차피 율법을 온전히 지킬 수 있는 분은 예수 그리스도뿐이시므로 우리는 그와 연합함으로 율법을 지켜나간다. 이는 인간 스스로 해결할 수 있는 문제가 아니라 곧 하나님의 인도하심 가운데 있다.

경건의 실천

이제 경건의 실천적 방법에 대해서 살펴보고자 한다.

루이스 베일리(Lewis Bayly. 1575-1631)의 「경건의 실천」 *The Practice A Puritan Devotional Manual* 은 1611년경 경건에 관한 설교를 모은 책이다. 이 책은 집마다 한 권씩 소장할 만큼이나

권위를 인정받은 저서이다. 이 저서는 경건을 행동으로 옮길 수 있는 가장 직접적인 저서이다. 이 저서의 절정은 하루를 경건하게 시작할 수 있는 방법론이 고스란히 적혀 있다.

아침부터 저녁까지 하나님과 살아가는 법을 적어두었다고 해도 과언은 아니다. 아침을 여는 기도로부터 성경을 가까이하는 법, 죄를 슬퍼하며 하나님께 나아가는 법, 묵상하는 법에는 행동을 위한 것과 인간과의 관계에 관한 것들이 포함된다. 저녁 시간에는 회개하고 겸손 하라고 조언한다. 또한 하나님에 대한 경외심과 자신의 비참함을 인식하며 잠들라고 했다. 그는 그리스도와 매 순간 살아가는 법을 이 저서를 통해서 가르친다.

왓슨에게도 이와 유사한 저서가 있는데, 「경건을 열망하라」 *The Godly Man's Picture*이다. 이 저서는 1666년에 소개되었다. 이 저서의 첫 부분에서 왓슨은 이렇게 말한다.

"우리의 영혼은 소중하고, 구원은 지극히 영광스럽습니다. 그래서 하늘나라를 준비하는 일은 매우 신중해야 합니다. 여호와의 산에 오를 자가 누구인가? 라는 질문에 답은 '손이 깨끗하고 마음이 청결한 자'입니다."라고 말한다.

용서

왓슨은 용서를 하나님의 모든 은혜의 기초라고 말하고 있다. 그에 의하면 '용서하다' 헬라어 '카리조마이'(charizomai)가 용서의 근원이다. 용서는 값없이 주시는 은혜(charis)의 결과이다. 이러한 용서에는 죄책과 처벌이 면제되며, 그리스도의 보혈을 통한 죄 용서가 있다. 이러한 과정에는 반드시 회개가 연결되어 있음을 잊지 말아야 한다. 그리고 하나님께서는 다시는 죄를 기억하지 않으신다고 하셨다. 용서받을 수 있는 자와 용서받을 수 없는 자가 있다. 경건에 이르는 모든 처음에는 용서받음이 있다.

경건한 사람의 특징

왓슨은 경건한 사람의 구체적인 특징과 표시에 관해서 설명한다. 이를 통해서 경건을 실천하는 방법적 제안을 알 수 있다.

지식의 사람

신자를 '슬기 있는 자들'이라고 칭한다. 이는 불신자의 지식과 구별되는데, 하나님을 아는 것과 알지 못함이다. 신자는 하나님의 가르침을 받는 자이다. 이들은 믿음에 거하고 믿음의 터 위에 굳게 서서 말씀과 성령을 근거로 한다. 성령이 증인이다. 식별할 수 있는 지식을 가지고 있으며, 참된 지식은 생기를 준다. 그리스도를 온전히 가진 지식을 갖추고 있으며, 이를 통해서 변화시킬 수 있는 지식의 소유자이다. 육신의 교만을 알며, 하나님을 아는 데에 자라난다. 진정한 지식은 그리스도인의 시야를 넓힐 뿐만 아니라 그의 발도 한 걸음 나아간다. 그리스도인은 자신의 지식과 모순되게 살지 않으며 완전히 거룩하게 살아야 한다는 사실을 아는 자이다.

자기 점검

경건한 자는 자신을 점검할 줄 알아야 한다. 아직 어둠 속에 있지 않은 지를 살펴야 한다. 마음이 완악한 백성은 의도적으로 불의에 눈을 감는다. 하나님은 그들의 완악함에 대한 처벌로 그들의 눈이 감기게 하신다는 것을 기억해야 한다.

지식은 있지만 제대로 알지 못하는 자들은, 경험적으로 하나님을 알지 못하는 이들이다. 머릿속에만 지식이 많은 자는 그들의 지식으로 인해 망한다. 또한, 그리스도를 온전히 가지지 못한 자는 지옥으로 가는 길을 밝힐 뿐이라고 왓슨은 말한다. 그러므로 자신의 경건을 점검하면서 주님에 대해 참된 지식을 가지려고 애써야 한다.

성령의 빛

경건한 자들은 성령의 도움을 구한다. '계시의 영'이신 성령은 사색으로 얻어지는 것이 아니라 영감(inspiration)으로 얻는다. 우리는 신에 관해서 탁월한 개념을 가질 수 있지만, 성령께서 우리에게 영적인 방식을 알 수 있게 해 주셔야 한다. 성령은 우리 안에 그리스도를 계시하시며, 성령은 세상이 할 수 없는 것, 하나님의 사랑을 알게 하신다.

믿음으로 사는 사람

믿음이 없는 사람은 숨은 쉬어도 그 속에 생명이 없는 사람이다. 믿음은 은혜에 생명을 준다. 믿음과 영혼의 관계는 혈기와 몸의 관계와 같다. 혈기는 몸을 살게 하지만 믿음은 회개하도록 자극한다. 믿음은 소망의 어머니이다. 믿음과 소망은 한 쌍이다. 둘 중에 하나를 제거하면 나머지 하나는 약해진다. 믿음은 삶의 원리이며, 성도의 삶은 바로 믿음이 삶이다. 믿음은 만병통치약이다. 믿음이 굳건한 사람에게는 어떠한 파멸도 해를 입히지 못한다. 이러한 특성에 준하여 자신을 점검해야 한다.

하나님에 대한 사랑
하나님께서는 선의 원천이자 정수이다. 경건한 사람은 하나님을 사랑하며 그분의 임재를 즐거워한다. 경건한 영혼은 하나님을 사랑하기에 그분을 열망한다. 은혜로 충만한 영혼이 하나님을 향해 가지고 있는 사랑이 가득하다. 그러므로 경건한 사람은 곤경에 처하더라도 하나님을 사랑한다. 하나님을 사랑하는 이는 극히 적다. 사람들은 대부분 자기에 대한 사랑에 사로잡혀 있다. 자신의 안락, 세상의 이익, 욕망을 사랑할 뿐이다. 하나님에 대한 사랑이 없는 영혼은 분명 저주를 받을 수밖에 없다.

하나님을 닮는다.
경건한 사람은 하나님과 같은 판단을 내린다. 그는 하나님이 생각하시는 것처럼 생각하고, 하나님처럼 거룩한 성향이 있다. 그는 '신성에 참여한 자'이다. 경건함이란 하나님을 닮는 것이고, 하나님을 닮는 것과 하나님을 믿는다고 고백하는 것은 별개이다. 하나님의 능력은 경건한 사람을 힘 있게 하고, 하나님의 자비는 그를 사랑스럽게 하며, 하나님의 거룩하심은 그를 영광스럽게 한다. 그가 지닌 내적 순결과 죄를 미워하는 마음은 하나님의 거룩하심에서 나온다.

경건한 사람은 의도나 행함에서 악에 대항하는 입장에 선다. 악은 어떤 모양이든 버린다. 경건한 사람은 거룩함을 주장한다. 거룩함은 경건한 사람들을 위험으로부터 지키고 경건한 사람들은 거룩함을 불명예로부터 지킨다. 우리는 하나님의 거룩하심을 닮도록 노력해야 한다. 거룩함은 하나님이 기뻐하시는 유일한 것이다.

예배에 철저하고 신중하다

경건한 사람은 하나님께서 정하신 것을 존중하며 허식보다 예배의 순결을 더 중시한다. 여호와께서는 언제나 그분을 섬기는 일을 온전하게 하지 못하는 자들에 대해 불쾌감을 나타내신다. 경건한 사람은 하나님이 성경으로 보여주시는 양식에서 벗어나려 하지 않는다. 이러한 특성에 준하여 우리가 경건한지 아닌지 점검해 볼 수 있다. 순수하지 못한 신앙은 위험한 결과를 초래한다. 경건함을 나타낼 때는 예배의 규칙을 충실히 지키고, 여호와의 일에는 '기록 되었으되'라고 말할 수 있는 것 이상을 넘어서지 말아야 한다.

사람의 종이 아닌 하나님의 종

하나님의 종은 모든 것을 뒤로하고 한 주인만 섬긴다. 하나님을 섬기는 데 온 힘을 쏟는다. 죄는 압제하고 지배하는 것이다. 경건한 사람은 하나님의 가족이 된다. 하나님의 종은 자기 마음대로 독자적으로 행할 수 없고 주인이 시키는 대로 하나님의 종은 주인에게 속해 있다. 종과 주인 사이에는 계약과 봉인된 계약서가 존재한다. 종은 주인이 정한 제복을 입을 뿐만 아니라 주인의 일을 한다. 주인을 따르므로 경건한 사람은 하나님의 종이다. 종은 주인이 제공하는 것에 만족하며, 주인의 명예를 옹호한다. 하나님의 종이 되면, 자유와 명예, 안전, 유익, 도움, 공급을 받는다.

사람의 종은 일반 시민으로서, 종교적인 의미에서 사람을 섬긴다. 이는 죄악 된 마음으로 사람을 섬기며, 무슨 행동이든 취하면서 아첨하고 돌변할 수 있으며, 자신을 노예로 전락시키는 이들이다.

그리스도를 귀하게 여긴다

예수 그리스도 자체를 귀중히 여기는 자들이 경건한 자들이다. 그리스도는 위격상, 직분상, 유익상 귀하신 분이시다. 이러한 그리스도께 신자들은 경의를 표한다. 경건한 자들은 그리스도 안에서 풍성한 가치가 있음을 안다. 다양성의 면에서, 정도 면에서도 충만하며, 지속 시간 면에서도 충만하다. 그리스도를 귀히 여기는 경건한 자들은 세상의 어떤 것도 가치 없이 여긴다. 경건한 자들은 그리스도 없이는 살 수가 없다. 그리스도를 얻기 위해서는 아무 불평 없이 수고할 것이다. 이를 통해서 자기 점검을 해야 한다. 그리스도를 귀하게 여긴다면 그리스도를 크게 즐거워한다. 그리스도를 얻기 위해서라면 어떤 비싼 대가를 치르더라도 과하다고 생각하지 않는다. 마지막으로 그리스도를 귀히 여기는 이들은, 건강할 때도 곤고할 때도 형통할 때도 그리스도를 사랑한다. 그리스도를 사랑하며, 그분을 우리의 가장 귀한 보배와 기쁨으로 여겨야 한다. 수많은 사람이 멸망하는 이유는 바로 그리스도를 귀하게 여기지 않기 때문이다.

애통하며 우는 자

경건한 자는 그 속에 내재하는 죄 때문에 운다. 경건한 자는 떨쳐버릴 수 없는 부패성으로 운다. 하나님의 자녀는 때때로 부패함이 자신을 삼키울 때 운다. 또한, 그들은 자신이 거룩하지 못한 것을 슬퍼한다. 하나님의 사랑을 느끼며 운다. 경건한 사람은 자신이 범하는 죄가 어떤 의미에서 다른 사람의 죄보다 더 나쁘기 때문이다. 경건한 사람의 죄는 하나님의 마음을 아프시게 하신다.

경건한 자의 슬픔

하나님이 주시는 슬픔은 일반적인 슬픔과 다르다. 경건한 슬픔은 내적이며, 순수하고 영향력이 있다. 죄를 씻어내는 물은 보혈과 눈물이다. 그리스도의 보혈은 죄책을 씻어준다. 눈물은 더러운 것을 씻어낸다. 회개하는 눈물은 값지다. 하나님은 병에 그 눈물을 담으신다. 눈물은 마음을 윤택하게 하며 위로한다. 죄인의 소란스러운 웃음은 우울함을 가져오지만, 성도의 슬픔은 찬양을 낳는다.

말씀을 사랑한다

경건한 사람은 하나님의 말씀을 사랑한다. 경건한 사람은 말씀의 모든 가치와 모든 부분을 사랑한다. 말씀은 삶의 지침이자 규칙이며 우리의 임무를 알려주는 안내지이다. 말씀 속에는 믿고 행해야 하는 것들이 들어 있다. 경건한 사람은 말씀의 위협적인 면을 사랑한다. 경건한 이들은 말씀의 위로, 약속을 사랑한다. 그들은 부지런히 하나님의 말씀을 읽는다. 말씀을 자주 묵상하며, 말씀을 기뻐한다. 말씀에 마음을 둔다. 그리고 말씀을 지킨다. 경건한 사람은 가장 귀하게 생각하는 그 어떤 것보다 말씀을 더 좋아한다. 말씀에 관해 이야기하며, 말씀대로 따른다. 하나님의 말씀은 곤란 중에 얻는 최고의 위로이다. 경건한 사람은 능력이신 하나님의 말씀을 사랑한다. 우리는 스스로 하나님의 말씀을 사랑하는지를 생각해봐야 한다.

하나님의 영이 거하신다

성령께서는 경건한 자 안에 거하시며, 그 사람 안에서 충만히 역사하신다. 경건한 자는 성령의 임재를 누리고 그분의 거룩한 영향을 받는다. 하나님의 역사하심으로, 하나님의 능력은 여러 가지로 나타난다. 가르치는 능력, 거룩하게 하는 능력, 살리는 능력, 심판하는 능력, 부드럽게 하는 능력, 보강하는 능력, 위로하는 능력이다.

성령 없이는 기도할 수 없으며, 성령은 간구하는 영이시다. 성령은 우리의 기도를 모든 면에서 도우신다. 우리의 연역함을 도우시며, 성령 없이는 열매를 맺을 수도 없다. 성령은 말씀의 영이시다. 성령을 소유한 경건한 자들은 하나님의 특별한 사랑을 인정해야 한다. 성령이 없이는 그리스도께서 아무 유익을 주지 못하신다. 성령이 거하신다면, 성령을 근심하게 하지 말아야 한다.

겸손하다

어떤 사람이 겸손한 자인지 구별해야 한다. 먼저는 낮아지는 것과 겸손한 것, 외적 겸손과 내적 겸손, 겸손과 진락적인 것을 구별한다.

겸손은 스스로 자만하는 마음이 없는 것이며, 자신보다 다른 사람들을 낮게 여긴다. 마땅히 해야 할 일을 하고 자만하지 않는다. 자신에 대해 기소장을 제출한다. 고난당하는 상황에서 하나님이 의로우시다는 것을 인정한다. 그리스도를 높이며 죄에 대한 책망을 기꺼이 받아들인다. 자신의 이름과 은사를 가리며 하나님의 영광을 더한다. 하나님께서 가장 좋다고 하시는 상태를 좋아한다. 비천한 사람에게도 고개를 숙이며 천한 일자리도 꺼리지 않는다. 겸손이 경건한 사람에게서 분리될 수 없는 특성이라면 '나는 겸손한가?'라는 질문을 해야 한다.

기도 한다

기도는 하늘나라에 다다르는 영혼의 교통이다. 하나님은 그분의 영으로 우리에게 오시고 우리는 기도로 그분께 나아간다. 경건한 자는 기도 없이는 살 수 없다. 경건한 사람은 매일 기도의 산에 오른다. 기도로 하루를 시작한다. 그는 하나님의 허락과 하나님의 축복을 구한다.

영적인 기도란, 지식을 가지고 기도하는 것이다. 하나님의 위엄과 거룩하심을 알아야 한다. 영적인 기도는 마음과 영으로 드리는 기도이다. 간절한 기도이다. 기도는 한숨과 탄식으로도 표현된다. 영적인 기도는 상한 심령에서 나온다. 믿음의 기도이다. 믿음의 손으로 기도를 붙들면 우리는 하나님께 다가가게 된다. 거룩한 기도인데, 거룩한 마음의 제단 위에 드려져야 한다. 영적인 기도는 죄의 앙금과 찌꺼기가 제거되어야 한다. 영적인 기도는 겸손한 기도이다. 자비를 구하는 것으로 겸손이 필요하다. 예수 그리스도의 이름으로 기도한다. 기도에 대한 사랑을 가지고 드리는 기도이다. 또한 영적인 기도는 영적인 목적을 갖고 드리는 기도이다. 좋은 목적이 결여된 기도는 좋은 응답이 오지 않는다. 영적인 기도에는 주어진 수단을 이용하는 일이 따른다. 마음에 영적인 분위기를 남겨놓는다. 경건한 사람은 성령 안에서 기도한다. 영적인 기도는 하늘에서 내려오는 불처럼 훨씬 더 위엄 있고 탁월하다.

진실하다

진실은 우리의 사랑이 참된 사랑이 되게 한다. 진실은 은혜이다. 경건한 사람은 모든 것에서 하나님의 인정을 받으려 애쓰며, 자신이 하는 모든 일에 거룩한 목적이 있다. 진실은 하나님의 눈에 우리가 사랑스러워 보이게 한다. 진실은 하나님께서 우리의 봉사를 받으시게 한다. 우리에게 안전을 주며, 복음적인 완전함이다. 진실은 사탄의 공격을 가장 많이 받는다. 그리스도인의 아름다움이 진실이다. 마음이 진실하다면, 하나님께서는 많은 결점을 눈감아주신다. 또한 진실은 어려운 순간에도 우리에게 평안을 준다.

하늘에 속한다

경건한 사람이 속한 곳은 바로 천국이다. 경건한 사람에게는 하루하루가 그리스도의 승천일이다. 그들은 천국 지향적으로 선택하며, 천국 지향적인 마음을 지니며 천국 지향적으로 말하고 행동하며, 소망을 품는다. 이러한 사람들은 고난 중에 있는 경건한 사람을 위로한다. 천국 지향적인 품행을 보인다. 하늘에 속한 사람이 생각해야 할 것은 세상에 대한 집착을 버리고, 그리스도인이 세속적인 생각을 가지는 것이 비천한 일인 것인지 생각한다. 또한 세상이 얼마나 보잘것없고 경멸스러운 것인지 생각하게 된다. 천국은 영광스러운 곳이라는 것을 잊지 않는다.

열심 있고 인내 한다

은혜는 성도를 거룩한 열심으로 불타게 한다. 열심은 복합적인 애정으로, 사랑과 분노가 뒤섞인 것이다. 열심은 하나님을 향한 우리의 사랑과 죄에 대한 분노를 가장 강력하게 나타낸다. 참된 열심은 하나님을 모욕하는 행동을 용납하지 않으며, 큰 어려움에 물러서지 않는다. 참된 열심은 전에는 지식이 있고, 열심 뒤에는 고결함이 있다. 진리가 멸시당하고 반대를 받아도 진리를 사랑한다. 참된 열심은 결코 중단됨이 없다.

인내는 때를 기다린다. 인내에는 두 가지가 있는데, 하나님의 뜻을 견디며, 하나님의 손길을 견딘다. 우리는 하나님께 민감해야 한다. 하나님의 뜻을 견디는 인내는 은혜이므로, 하나님의 섭리 아래에서도 우리의 마음을 잔잔하고 고요하게 하며 우리 마음에 거룩한 인내가 생기게 한다. 하나님께서 주신 고난을 인내해야 하는데, 그 이유로는 고통은 우리의 유익이라 그러하며 하나님께서는 자비를 고통과 섞어 놓으시며, 인내는 그 마음에 하나님이 자리 잡고 계심을 증거 한다. 조급함은 마음이 건강하지 못하다는 증거다. 믿음은 인내를 낳는다.

감사하며 성도를 사랑한다

찬양과 감사는 천국의 일이다. 감사는 하나님께 드려지는 예배에서 매우 고결한 부분이며 하나님을 높이는 일이다. 감사는 그리스도인을 구별하는 기준이 된다. 경건한 자는 모든 일에 감사하고 모든 상황에 감사한다.

자신의 은혜를 깨닫는 가장 좋은 방법은 다른 사람들에게 있는 은혜를 사랑하는 것이다. 경건한 사람은 모든 사람을 정중하게 사랑한다. 성도에 대한 사랑은 진실하며, 영적이며, 폭넓어야 한다. 또한 성도에 대한 사랑은 인정해 주는 것이어야 한다. 또한 표현돼야 한다. 사랑은 지속하여져야 한다. 성도를 사랑하는 것은 경건한 자를 구별하는 표지이다.

이 외에도 죄에 빠지지 않는 것과 다른 사람들과의 관계에서도 경건하다는 것, 하나님과 동행하는 삶을 산다. 이들이 경건한 자들의 표지이다.

경건을 위한 몇 가지 도움의 말

경건에 도움이 되는 모든 방법을 사용해야 한다. 그리고 세상을 조심하고 경건한 생각을 습관화하며, 마음을 살펴보고, 시간 사용을 양심의 문제로 삼아야 한다. 잠시 세상에 머무는 것임을 잊지 말아야 한다. 경건은 하나님께서 우리를 창조하신 목적이다. 경건한 사람들과 자주 함께하라고 왓슨은 조언한다.

[질문]

1. 거룩해지는 방법은 무엇인가?
2. 하나님께서 받으실만한 순종은
   어떠한 마음이어야 하는가?
3. 십계명의 요지는 무엇인가?
4. 왓슨이 말하는 모든 은혜의 기초는 무엇인가?
5. 왓슨이 말하는 경건한 사람의 특징과 표시는
   어떤것들이 있는가?
6. 율법의 제4계명에 대해서 왓슨은 어떻게
   표현하는가?

08.

갈무리

각 장을 정리하며

그리스도를 믿음으로 우리는 구원을 얻는다. 고대로부터 시작해서 17세기 청교도뿐만 아니라 개혁신학의 핵심은 그리스도를 믿음으로 신자는 구원을 얻는다는 것이다. 구원의 요소들에서 칭의론은 그 뼈대를 이룬다. 즉, 고대에서 현대에 이르는 지금까지도 칭의론에서 자유의지는 중요한 지점에 있다.

성화를 통해서 칭의를 얻는다는 것은 인간의 노력과 노고를 인정한다는 의미의 칭의론이다. 여기에서는 인간의 자유의지로 선택한 구원이 강조된다. 즉, 칭의론과 성화론은 구원에 대한 결정권의 무게 중심을 어디에 두는가에 대한 질문이며 문제의식이다. 그리스도인으로서 삶의 결정권을 어디에 두느냐로 이어지는 중요한 가치문제이기도 하다.

고대의 교부들, 아우구스티누스를 포함하여 종교개혁 이전까지 칭의론은 '삶의 전 과정'으로 여겨졌다. 이는 결정된 것이 아니라 완성을 향해 나아가는 것이다. 그러나 루터에 와서 칭의론은 과정이 아니라, 현재의 상태로 여겨지게 된다. 멜란히톤이 처음 말한 법정적 칭의, 하나님의 법정에서 죄인을 그의 죄로부터 해방해준 것이다. 즉, 죄에서 해방이 된 상태를 말한다.

삶의 전 과정이 칭의의 조건이 되던 시절에는 칭의에 그리스도의 의의 주입이 필요했다. 그리스노의 의가 주입 되어, 내면의 변화가 일어나야 칭의를 얻는 것이 된다. 즉, 실제적 증거가 드러나야 하므로 삶의 질적 변화를 위해 그리스도로만 향하는 거룩한 삶은 당연했다.

하지만 의로 여겨진다고 하는 법정적, 선포적 칭의에서는 그러한 의의 주입이 없고 그리스도 의의 전가만 남게 되었다. 그렇다면, 신자가 '의롭다함을 받았다'는 사실을 우리가 어떻게 알 수 있는가? 즉, 칭의의 실제적 증거가 무엇인가? 혹은 칭의의 실제적 증거가 어디에 있는가? 에 대한 질문에 답을 찾을 수밖에 없다.

고대 교부들은 인간에게 자유의지가 있다고 믿었다. 하나님께서 인간을, 자유의지를 가진 존재로 창조하셨다고 했다. 그러나 아우구스티누스에 의해 인간의 고유 권한으로 여겨지던 자유의지가 깨어진다. 그는 인간의 의지는 악에 기울어져 있다고 했다. 그리스도를 통해서 은혜를 받은 자만이 진정한 자유의지를 가질 수가 있다고 말한 것이다.

아우구스티누스의 자유의지는 하나님의 전적인 은혜에 기인한다. 하나님의 은혜로 말미암아 부르심을 받은 신자는 의롭다 여김을 받고 영화로움으로 나아간다.

아우구스티누스가 이해한 은총론, 즉 하나님의 은혜는 신자를 의롭게 한다. 하나님의 은혜를 입은 자는 진정한 자유를 얻는다. 죄성에서 벗어나 하나님께서 창조하셨던 그때로 돌아간다는 것을 의미한다. 이제 죄에서 벗어난 신자는 그리스도를 믿음으로 말미암아 자유함을 얻어 내면의 변화가 일어난다. 하나님의 거룩함을 닮아가는 것이다. 성령의 내주하심이 일어난다는 의미이다. 그리스도로 인해 신자는 온전하며, 완전한 변화에 참여 된다.

하지만 루터가 주장한 '이신칭의'는 죄용서와 그리스도의 의의 전가에만 머문다. 물론, 루터의 주장이 신자에게는 어떠한 변화도 필요치 않다는 의미는 아니지만, 루터의 이신칭의를 잇는 현대 개혁주의 신학의 칭의론에는 신자의 내면에서 일어나는 변화를 말하지 않는다. 이러한 문제 때문에, 루터는 거듭난 신자를 '죄인이면서 의인'이라고 했다. 이신칭의는 어찌할 수 없이, 그리스도의 의로 얻은 칭의만을 강조할 수밖에 없다. 인간이 할 수 있는 것이 아무것도 없다.

구원에는 많은 요소가 있지만, 칭의와 믿음을 잇는 것 외에는 더 이상의 것은 없는 것처럼 보이는 것이 루터의 이신칭의이다.

이를 보완하는 것이 칼빈의 '그리스도와의 연합'이다. 그리스도와의 연합은 신자의 '내면의 변화'를 암묵적으로 인정하는 내용을 가지고 있다. 하나님께서 이루신 구원에는 신자의 변화가 반드시 따르기 마련이다.

칭의에 이르기 전에 일어나는 일이 그리스도와의 연합이다. 로마서 8장 30절 "또 미리 정하신 그들을 부르시고" 말씀의 지점에서 신자에게는 그리스도와의 연합이 일어난다. 루터의 '이신칭의'의 약점으로 드러난 내면의 변화가 그리스도와의 연합을 통해 일어난다. 이는, 칭의 이전 단계에 일어나는 소극적 성화이며, 왓슨의 칭의론에 핵심이다.

왓슨의 소극적 성화는 칭의 이전에 일어나는 회개를 말한다. 칭의 이전에 일어나는 회개는 칭의 이후에 일어나는 회개와는 조금 다르다. 칭의 이후의 일어나는 회개는 점진적이며 적극적 성화를 이루기 위한 것이며 이미 구원을 받아 죄에서 벗어난 신자의 회개이다. 반면에 칭의 이전의 회개는 칭의를 받기 위해서 깨끗함을 입어야 하는 단계이다. "미리 정하신 그들을 부르시고"의 단계가 바로 그리스도와의 연합을 이루는 단계를 말한다. 부르심을 입은 신자는 그리스도와 연합을 이룬 자이다.

왓슨이 말하는 소극적 성화는 죄에 대한 각성이다. 율법의 거울이 양심 속에 비추어지는 순간이다. 이 순간에 죄인은 자신의 더러운 죄의 역사인 과거와 현재를 오롯이 들여다본다. 이는 성령의 역사하심이 아니라면 결단코 일어날 수가 없는 사건이다. 성령께서는 이 순간 볼 수 없는 것을 보게 하시고 들을 수 없는 것을 듣게 하신다. 죄인은 자신이 정녕코 죽을 수밖에 없다는 사실을 절실하게 깨닫고, 하나님께 살려 달라 애원하러 나오는 순간이 된다. 이를 '신비적 연합'이라고 부를 수밖에 없는 것은 오직 하나님과 죄인만이 알 수 있는 영적인 사건이기 때문이다. 이때 죄인은 성령으로 인해서 깨끗하게 씻김을 받는다.

왓슨에 의하면, 그리스도와의 연합이 이루어지고 난 이후에 그리스도의 의의 전가가 일어나며 죄인이 의인으로 거듭나게 된다. 칭의와 성화는 동시에 일어나는데, 의로움과 거룩함은 이 순간 죄인에게 임하는 하나님의 역사하심이다. 즉, 그리스도의 의의 전가와 성령님의 거룩의 영이 신자에게 분배되는 것이다.

개혁신학은 칭의를 강조하면서 성화를 잃어버렸다는 평을 받는다. 청교도 정통파 칭의론에 반론을 제기한 알미니안주의, 신율법주의, 반율법주의자들이 득세 했던 것과 마찬가지로 현대 개혁신학에서도 칭의론에 대한 의심의 눈길은 여전하다.

왓슨의 소극적 성화는, 이러한 개혁신학의 칭의론을 충분히 뒷받침 해줄 수 있는 근거라고 해도 과언은 아니다. 왜냐하면 그리스도와의 연합이 칭의 이전에 일어난다는 것은 신자의 내면의 변화가 당연한 결과물이기 때문이다.

칭의는 눈에 보이지 않는 현상이다. 그러나 그리스도와 연합을 이룬 자에게는 성령의 내주하심이 있다. 성령은 거룩의 영이라서, 칭의 받은 신자는 거룩한 삶을 살아간다. 즉, 눈에 보이지 않는 칭의가 눈에 보이는 성화를 통해서 신자의 변화됨을 알 수 있게 한다.

앞에서 살폈다시피, 루터의 칭의론의 문제는 아우구스티누스에게서 나타난 자유의지의 결여를 하나님의 전적인 은혜에 국한시켰다는 점이다. 덕분에 종교개혁가들 이후의 칭의론이 죄인식의 결여를 가져왔고, 더 나아가 신자의 내적 변화의 약화를 낳았다.

칭의와 성화는 어느 한 가지가 덜 강조되어서는 안 되며, 유보되어서도 안 된다. 왓슨은 이 부분에서 우리에게 중요한 가르침을 전한다.

왓슨의 칭의 이전의 성화는 그리스도와의 연합을 통해서 얻어지는 죄에 대한 깨달음이다. 율법이라는 거울을 통해서 자기 자신을 들여다보며, 하나님 앞에 죄인이라고 고백할 수밖에 없는 성령의 적극적인 내주하심이다. 이러한 과정이 없는 신앙고백에 대해 우리는 고민할 필요가 있다.

물론, 오직 믿음으로 얻는 칭의와 성화는 신자들에게 더없이 귀한 은혜이다. 그토록 귀한 은혜가 값싼 은혜가 되는 일은 없어야 할 것이다. 그리스도를 믿는다는 입술의 고백 이전에, 하나님의 은혜가 얼마나 귀한 것인지를 깨닫는 과정은 반드시 필요하다.

이러한 소극적 성화는 그리스도의 의의 전가와 함께 성령의 거룩한 영의 분배를 받아 귀한 신자로 다시 태어나는 과정이 된다. 그리스도와의 연합이 이루어지는 '신비'를 경험하는 과정이라서 부르심을 입은 누구라도 이 과정을 거치게 될 것이다. 이러한 구원의 요소가 완전히 새로운 것은 아니다. 믿음의 선조들은 이러한 구원의 요소들을 가르쳤다. 이러한 믿음의 선조들에 가르침을 따르는 것이 21세기 개혁신학을 표방하는 한국 교회가 외적인 성장뿐만 아니라 거룩한 내적 변화의 성장을 이룩하기 위해서 꼭 필요한 일이 아닐까 싶다.

왓슨의 칭의론과 성화론은 신자의 본질적인 삶의 변화라는 것을 알 수 있다.

2-3세기 교부들은 모두 인간의 자유의지를 인정하는 철학적 토대에서 살았으며, 원죄를 인정하였다. 이들의 구원관은 인간의 자유의지에 따라 하나님을 믿을 수 있다고 생각했다. 그러나 죄에 대한 그리스도의 대속의 개념이 현대 신학과 맞지 않다는 점이 아쉬운 과제로 남는다.

　아우구스티누스의 칭의 개념은 하나님의 은혜를 통한 성령의 역사로 말미암아 영적, 윤리적 변화를 포함한다. 이는 실제적 의인으로 변화된다는 의미를 가지고 있다. 의로워진다는 칭의의 개념 속에 성화는 이미 포함되어 있었다. 중세의 칭의 개념 또한 시작에서부터 지속과 완결을 포함한 의로워짐이다. 루터에게 와서 칭의론은 변화를 맞이한다. 루터의 칭의론은 그리스도의 의가 신자에게 전가된 것이라서 신자의 내적 변화는 포함되지 않는다. 칼빈의 구원 개념은 루터의 그리스도의 의의 전가의 개념을 그리스도와 연합을 통해 설명한다. 구원을 가져다주는 참 믿음은 본질적으로 성화의 영을 가지고 있으며, 그것은 거룩한 삶으로 나타난다고 칼빈은 주장한다. 칼빈 이후의 개혁신학자들은 종교개혁가들과의 불연속성으로 스콜라적인 신학적 논증방법과 아리스토텔레스적 철학을 사용하게 된다.

　청교도의 칭의론은 아담의 죄책 전가, 그리스도의 의의 전가, 성화의 영, 이중적 의의 실현, 믿음으로 구원을 얻는다는 것과 양자됨으로 정리될 수 있다. 청교도의 성화 사상은 하나님의 본질에 있다. 이는 지위, 상태와 관계하면서 완성을 향해 나아가는 것을 의미한다. 초대부터 현대에 이르기까지 하나님의 은혜로 인한 칭의론은 거룩한 삶을 포함한다는 것을 알 수 있다.

칭의와 성화의 토대는 죄와 하나님과의 언약이다. 죄로 인해 인간은 타락하였으며, 죄에서 용서를 받는 것이 칭의이며 죄를 극복하고자 하는 것이 성화이다. 이러한 칭의와 성화가 허락된 것은 신자와 하나님 사이의 언약 때문이다.

왓슨에게서 죄 용서와 인간의 회개는 성화에서 특별한 의미를 지닌다. 그리스도의 죽음으로 말미암아 죄에서 해방이 된 그리스도인들은 변화를 통해서 알 수 있다. 즉, 그들은 삶 속에서 성령의 능력으로 말미암아 변화된 삶을 살아가려고 애를 쓴다.

왓슨은 목회자로서 신자들에게 거룩하게 살기를 주문한다. 이는 실제적인 삶에서 일어나는 변화를 의미한다. 왓슨은 성화의 본질, 필연성, 표지, 성화를 낳는 요인, 소극적과 적극적인 부분, 그리스도와의 연합을 말하고 있다.

왓슨의 성화는 초자연적이며, 내면적이고 포괄적인 사건이다. 이러한 왓슨의 칭의와 성화는 변화이다. 이 변화는 현실적이며 실제적이다. 죄를 용서 받고 믿음을 통해서 그리스도의 의의 전가를 받은 자는 실제적으로 거룩해진다. 이 거룩함은 하나님의 뜻이다. 거룩함이라는 표지는 너무나 직접적이며 현실적으로 신자의 삶에서 드러난다.

신자는 내면의 변화가 일어나서 하나님을 사랑하지 않을 수가 없는데, 이는 그리스도의 영이 이미 신자의 내면에 와 계시기 때문이다. 그리스도와 연합을 통해 이루어진 칭의와 성화는 자신이 구원을 받은 자인지 아닌지 모를 수가 없으며, 자신이 하나님의 사람임을 분명히 알 수가 있다. 그가 말하고 있는 성화의 표지와 성화의 모조품은 다른 청교도와 구별된다. 그가 말하고 있는 칭의와 성화는 구체적이며 현실적이다. 이를 통해 왓슨이 학자적 관점이라기보다는 목회자적 관점이라는 것을 알 수 있다.

왓슨의 특이점인 소극적 성화에 대한 변론이다. 성화는 칭의 이후에 일어난다. 왜냐하면 선행을 통한 칭의를 기독교는 받아들이지 않는다. 이러한 토대 위에 왓슨의 소극적 성화가 칭의 이전에 온다는 것은 오해의 소지가 있다. 그러나 소극적 성화는 율법을 통한 죄의 각성이며, 죄의 정화이다. 죄용서와 회개의 필요성, 유효한 부르심과 그리스도와 연합, 청교도들의 결과적 조건, 칭의와 성화는 동반자, 칭의와 성화의 동시성과 필연성, 칭의 이전의 죄로부터의 정화가 나타나는 오웬, 퍼킨스, 에임스의 저서를 통해 알아보았다.

칭의 이전에 일어나는 소극적 성화에 대한 논의로, 성화 우선성 논쟁에서 나타나는 유효한 소명의 역할에 대한 연구, 칭의와 성화의 동반자적 관계, 각종 고백서에 나타나는 구원의 서정에서 칭의와 성화, 회개의 문제를 살펴보고 이들과 왓슨의 소극적 성화를 비교논의 하였다.

왓슨의 칭의 이전의 성화인 소극적 성화가 선행을 위한 칭의와 상관이 없으며, 이는 구원의 서정과도 연관이 없다.

율법과 복음이 구원에 어떠한 영향을 미치는 것인지에 대해 살폈다. 칭의와 성화에 율법과 복음은 서로 관계한다. 구원 안에는 율법과 복음이 있다. 이는 서로 상관관계에 있으며 또한 구원 안에서는 불가분의 관계이다. 이는 전자나 후자 모두 하나님의 선물이며, 또한 영적인 부분이라 그러하다. 율법에는 종의 영이, 복음에는 양자의 영이 있으며 이는 성령 사역을 의미한다. 성령은 율법을 통해서 죄를 드러내고 인간 스스로 어떠한 상황에 처하게 되었는지를 알게 한다. 이로써 자각과 회개를 불러일으키며 속박과 두려움을 느끼게 한다. 성령은 우리의 영적 비참함을 보여주고 우리를 겸손하게 만들어 그리스도를 위해 준비되도록 한다.

이는 율법에 대한 가르침을 받아 성령께서 우리 안에 칭의를 위한 믿음의 은혜를 일으키시게 하는 과정이며, 그리스도의 율법의 마침은 그리스도의 의의 전가로 이어지며, 구원에 이르게 한다. 그러나 그 과정 가운데, 죄의 자각이 없이는 이 모든 것이 가능하지 않다. 죄의 자각과 회개는 성삼위 하나님의 역사하심이다. 복음과 율법은 각각 구원을 이루기 위해서 그리고 구원을 이루어가는 과정 중에 있다. 이런 과정이 성화이다.

칭의와 성화의 방법을 통해 인간의 순종과 하나님의 사랑의 발견을 배경으로 하여 경건의 실천적 의미를 발견하고자 했다. 하나님은 당신이 지으신 세계를 사랑하고 인간을 사랑하신다는 전제 하에서 인간의 순종과 사랑을 기대하고 인간 측에서는 자신을 사랑하시는 하나님에 대한 기대로 그의 사랑에 응답하는 조건적 의미를 발견할 수 있다. 즉, 하나님을 사랑하는 신자는 하나님의 뜻을 알며, 하나님이 원하시는 것을 행하기 위해서 애를 쓴다. 또한 이는 겸손히 행하는 하나님 나라의 백성으로서 규칙에 대한 순종이다. 하나님 나라의 백성이 하나님의 법에 의존하는 것은 당연한 이치인 셈이다. 물론 하나님의 법을 온전히, 그리고 완전히 지킬 수 없다는 것은 하나님께서 이미 아시고 계시며, 예수 그리스도를 통하여 구원을 얻도록 하셨다. 그렇다고 해서 반율법주의자들처럼 완전히 그리스도의 은혜만을 의존한다는 것은 인간에게는 방종의 근거가 된다. 모든 것을 아시는 하나님께서는 율법을 주심으로 인간으로 하여금 자신의 처한 상황을 들여다보고 깨달아 죄에서 돌이키려고 애를 쓰라고 경고하신다. 그러므로 하나님과 관계가 원만한 사람은 하나님의 명령에 민감하게 반응할 수밖에 없다.

경건의 실천으로는, 용서가 모든 은혜의 기초다. 경건한 사람의 특징으로는, 지식의 사람, 자기 점검을 할 줄 아는 사람, 성령의 도움을 구하는 자, 믿음으로 사는 사람, 하나님에 대한 사랑이 충만하고 하나님을 닮아가며, 예배에 철저하고 신중하다.

또한 그들은 하나님의 종이며, 그리스도를 귀하게 여긴다. 경건한 사람은 애통하며 울며 경건한 자의 슬픔을 가진다. 말씀을 사랑하고 그의 내면에는 하나님의 영이 거하시며, 겸손하고 기도한다. 진실한 마음을 가지고 있으며 그가 속한 곳은 천국이다. 열심 있고 인내하며 감사하며 성도를 사랑할 줄 안다. 경건을 위한 몇 가지 도움이 되는 방법을 사용한다.

09.

토마스 왓슨의 생애와 사상

교육
생애
사상
저술

교육

토마스 왓슨의 출생과 사망 날짜는 정확하게 알려진 바가 없다. 대략 1620년 출생하여 1686년 사망으로 말하고 있지만, 이는 확실치 않다.

출생지는 요크셔로 추정된다. 케임브리지 대학교 임마누엘 칼리지에서 수학하였다. 이미 100년 전 케임브리지 대학교는 영국 종교개혁의 산실이었고 임마누엘 칼리지는 이들의 "양성소"로서 오랫동안 그 명성을 간직한 곳이었다.

임마누엘 칼리지

H. F 플레처(H. F. Fletcher)의 랠프 베닝(Ralph Venning)은 이런 말을 했다. '한 학생이 공부한 대학이 학생의 교육에 있어서 가장 중요한 요소'라고. 베닝(임마누엘 칼리지, 1643-50)은 토마스 왓슨과 거의 비슷한 시기에 임마누엘 칼리지에 몸담은 학생이

다. 임마누엘 칼리지는 자타가 공인하는 청교도의 산실이라고 할 만큼 17세기 영국의 정치, 종교에 커다란 영향력을 끼쳤다.

이러한 영향력을 토마스 왓슨도 이어받게 된다. 1639년에 왓슨의 나이 19세로 문학 학사 학위를 받았고, 1642년 22세에 문학 석사학위를 받았다. 이 시기가 리처드 홀즈워스(Richard Holdsworth, Master 1637-1644)가 총장으로 재임하던 시절이다.

임마누엘 칼리지는 1584년 월터 미드웨이(Walter Mildmay, 1520/1-89)에 의해 설립되었다. 이 학교는 17세기 영국을 형성하는데 적지 않은 영향을 끼쳤다. 햄프턴 의회(Hampton Court), 도르트 의회(Synod of Dordt), 웨스트민스터 의회(Westminster Assembly)와 같은 주요 종교회의에 기여하였고, 정치적, 종교적 목적으로 청교도 초기 발전에 명성을 높였다. 임마누엘 칼리지는 '청교도의 토대'였다. 임마누엘 칼리지의 이름은 히브리어 메시아적 제목으로 이사야 7장 14절에 의지해서 지어졌다.

이러한 왓슨의 모교는 총장, 14명의 동료, 50명의 학자, 10명의 가난한 학자로 구성되었는데, 학교는 다른 직원과 학생들을 포함하여 총 310명이었다. 동시에 비슷한 위치의 대학을 살펴보면, 퀸스 칼리지(Queen's College)는 190명이었고, 크리스트 칼리지(Christ's College)는 166명이며, 트리니티 칼리지는 440명의 직원과 학생들로 구성되었다. 가장 크지는 않지만, 임마누엘 칼리지의 규모는 상당히 중요했다. 대학 교육은 주로 학내에서 이루어졌고, 대학의 학부 직원들이 교과과정을 가르쳤다.

임마누엘 칼리지의 성격은 사실 총장들에 의해 만들어졌다고 해도 과언은 아니다. 창립 이후로 온건하지만, 독립적으로 생각하는 청교도, 그리고 재능 있는 설교자의 배출은 임마누엘 칼리지의 교육 덕분이라고 해도 과언은 아니다.

임마누엘 칼리지의 제1대 총장은 체스터톤(Chaderton, Master 1584-1622)이다. 그는 '순응하지 않는 순응주의자'(unconformable conformist)라고 평가된다. 2대 총장은 존 프레스톤 (Jone Preston, Master 1623-1627)이다. 데몬스(Devonshire)의 존 프레스턴은 버킹엄 공작(Duke of Buckingham)과 정치적으로 닿아 있었다. 프레스턴은 모든 영국의 칼빈주의자 중에서 가장 학식 있고 정교했을 뿐만 아니라 온건하기까지 했다. 그는 임마누엘의 신중한 독립성을 나타내는, 즉흥적인 기도와 율법을 설교했다. 이후 프레스톤이 죽은 이후의 총장은 윌리엄 샌더크로프트(William Sandercroft, Master 1628-1637)이다. 그는 대학에서 여러 가지 개혁을 시도했는데, 그 중에는 대학 내에서 음주, 소란스러운 행동을 금했다. 또한 대학 밖에서 먹는 것에도 엄격한 규율 등이 포함되어 있다.

1637년 4월에 총장으로 리처드 홀즈워스(Richard Holdsworth, Master 1637-1644)가 취임하게 된다. 콜린스(Collinson)는 홀즈워스를 임마누엘이 가졌던 가장 위대한 총장이라고 묘사했다. 홀즈워스는 총장으로서의 영향력을 넘어서서 임마누엘 칼리지의 형태를 만들었다고 평가받는다. 그는 그레셤 대학의 신학 교수 겸 설교자, 그리고 학자로 명성이 자자한 사람이었다. 그는 청교도적인 고정 관념과는 달리, 성직자의 중심에 있었다. 기득권자로서의 칼빈주의자였으며 극단적인 온건파였다. 그는 교회의 신앙 속에서 질서와 단결을 요구하는 라우디안(Laudian)의 요구를 지지하였다.

홀즈워스는 찰스 1세와 의회의 싸움에서 왕의 편에 서게 되었고 의회 군대가 학교를 포위하였다. 당시에 홀즈워스는 심지어 왕의 선언문 인쇄를 허가했으며, 의회 군대에 의해서 5월에 체포되어 10월 31일까지 수감되었다.

홀즈워스는 왕에 대한 동정심 때문에 1644년 4월 대학에서 쫓겨났다. 이는 의회파의 정치적 급진주의보다는 찰스 1세를 지지하는 분위기가 학내에 만연했다는 것을 시사한다.

토마스 왓슨도 학내 분위기에 따랐을 가능성이 크다. 왓슨은 찰스 1세의 처형에 반대 주장을 하였다. 홀즈워스가 총장으로 있을 당시 왓슨도 학내 정치적 분위기에 휩싸였을 것이다. 왓슨의 시대에 많은 청교도가 의회를 지지했지만, 왓슨은 왕당파를 지지했다.

토마스 왓슨의 사상적 배경은 임마누엘 칼리지의 교과 과정에 있었다. 이는 설교와 저술에 커다란 영향력을 미치게 된다. 물론 가장 직접적인 영향을 준 것은 성경 연구와 독서에서 비롯된 것이지만 말이다.

임마누엘 칼리지에서 홀즈워스가 재임하던 시기에 대학의 커리큘럼은 약간의 변동을 제외하곤 18세기 초까지 지켜져 왔다. 그것은 그만큼 당시의 교과 과정이 훌륭했다는 방증이다. 교과 과정은 고전 언어, 레토릭, 고전 시, 역사, 철학으로 구성되어 있었다.

홀즈워스의 교과과정은 인본주의적 연구와 아리스토텔레스주의의 결합이다. 실제로 아리스토텔레스의 지식에 대한 체계적인 접근은 4년 교육과정의 핵심 강좌를 구성하는 논리, 윤리, 물리학, 형이상학이다.

왓슨의 저서에서 나타나는 비유와 철학적 사유는 물론 설교에서 사람들의 마음을 사로잡는 레토릭은 이러한 교육과정에서 온 것으로 짐작할 수 있다. 또한 청교도 목사로서의 왓슨은 주위에서 일어나는 여러 사건 사고에도 두려워하지 않고, 하나님의 말씀을 당당히 선포하는 목사였다. 당시에 상당한 인기를 누리는 설교자로서의 자리매김과 그의 영적 성장 또한 임마누엘 칼리지에 빚을 졌다고 할 수 있다.

임마누엘의 영적 형제애

17세기 중반 영국의 개혁교회에서 설교는 가장 중요했다. 특히나 청교도 설교의 중심은 임마누엘 칼리지로부터 나왔다고 해도 과언은 아니다. 그도 그럴 것이 임마누엘 칼리지의 사람들은 새로운 언어를 만들어냈다고까지 표현되었다.

윌리엄 할러(William Haller)는 이 주제에 관하여 제임스 1세의 통치 초기부터 시작되었다고 하며, 이를 '영적 형제애'라고 하였다. 그러나 이 관점은 1600년대 초의 임마누엘 칼리지의 설교 사역에서 비롯되었다. 청교도들의 모범적인 영적 형제애는 장례

식 설교에서 시작되었다. 이는 주로 엑세스(Essex)와 영국 국경을 넘어 퍼져나갔다. 이들은 독실한 무리였다. 당시에 사람들은 이들을 주로 고통스러운 설교가들 'painful preachers'로 불렀다. 독실한 에섹스인으로는, 첫 번째는 로버트 리치(Robert Rich), 두 번째는 원위크(Warwick)이다 원위크는 임마누엘 칼리지 1603년, 그의 사촌 나다니엘 리치(Nathaniel Rich)는 임마누엘 칼리지 1601년, 또 다른 영향력이 있었던 지지자들은 해트필드 브로드 옥의 배링턴(the Barringtons of Hatfield Broadoak)의 가족과 리치의 사람들과 또한 동맹자들이었다. 원위크(Warwick)의 설교에는 24명보다 적지 않은 에섹스 거주자들이 출석했다. 이들은 청교도로서 그의 지지자들이었을 뿐만 아니라 경건한 친구들이었다.

훗날, 왓슨은 그의 나이 27세에 에섹스 사역자의 딸과 결혼을 한다. 그는 장인의 사역을 물려받았고, 그의 임종 이후에는 장인의 무덤이 있는 곳에 묻힌다. 그만큼 왓슨은 에섹스 지역의 '영적 형제애'의 핏줄을 이어받았다고 볼 수 있다. 이들은 혈연과 핏줄보다 영적인 공감대를 더 우선시했다.

이들의 그러한 배경에는, *The Real Christian* (1670)에서 밝혀진 바와 같이 당시의 청교도들은 영국 사회나 문화로부터 소외되었다. 이들은 영국 사회에서 위압적일 정도로 '진짜 그리스도인'이었다. 그들은 사람들에게 미움을 받았다. 사람들은 그들을 이유 없이 욕하고, 비방하고, 억압하며, 질책하고, 노려보며, 함부로 대했다. 임마누엘 칼리지 출신 청교도들은 이런 대접에 노출되어 있었다. 이들 청교도 신앙인들 사이에서는 공유된 종교적 경험이 있었는데 이런 부분들 때문에 그들은 영국 사회에서 타자화된 것이다. 이들은 진실한 복음주의자들이었다. 그들은 자신을 그리스도인이라고 말했지만, 사람들은 그들을 청교도라고 불렀다.

뉴잉글랜드의 이민자들

17세기 초 30년 동안 에섹스(Essex)와 서퍽(Suffolk)의 이웃 지역은 일종의 임마누엘의 연장선으로 변했는데, 임마누엘은 부분적으로는 영적인 연구실과 피난처, 또는 아둘람의 동굴이 된 영적인 목사들에 의해서 흡수되고 결국 신앙 공동체 마을이 되었다. 'painful preachers'들 중에는 로저스(Rogers)와 워드(Ward) 일족의 다양한 구성원들과 존스(Johns), 나다니엘(Nathaniels), 새뮤얼(Samuels), 다니엘스(Daniels)과 함께 하는 토마스 후커(Thomas Hooker)와 토마스 셰퍼트(Thomas Shepard)와 스테판 마셸(Stephen Marshall)와 함께 존 코튼(John Cotton), 코튼의 어머니의 할아버지(Cotton Mather's grandfather)는 3,000마일이나 떨어진 보스턴에서 새 역사를 만들게 된다.

이후 1630년대, 이들의 신앙 공동체와 함께 신실한 목사들은 영국 사회에게서 벗어나고자 했다. 이들은 영적 경험과 영적인 순수성을 보존하며 지속해서 영속시키기 위해 대서양을 가로질러 뉴잉글랜드로 이주하게 된다. 이들은 서로가 영적 네트워크화되었다. 또한 이러한 평생의 영적인 확신과 맡겨진 직업에 대한 성취, 또한 영적 탐구에 습관이 된 친목 및 회의는 임마누엘의 본능이 되었다. 이들의 관계는 대부분 친족이었다. 혈연관계나 결혼의 관계, 그리고 영적인 친화력과 계보로 이어졌다.

'Tribe'라는 말은, 이들 청교도를 경멸하고 무시하며 부르는 말이 되었다. 그러나 영국 사회에서 무시당하는 이들이지만 청교도 내부 공동체를 이룬 자 중에 여러 설교가가 있었고, 그들의 명성은 대단했다. 영적인 친화력을 가진 이들은 서로가 결혼을 통한 혼인 관계로 공동체를 형성하기도 했지만, 그들의 영적인 친화력은 혈연보다 더 우세했다.

존 코튼은 윌리엄 퍼킨스에게서 영향을 받았다. 코튼은 퍼킨스의 설교로 마음이 너무 상해서 1602년 퍼킨스의 죽음을 알리는 종소리를 듣고 마음속으로 기뻐했다. 존 코튼은 곧 시브스(Sibbes)의 영향으로 변화된 진실한 그리스도인이 되었다. 특히, 존의 아들 나다니엘 로저스(임마누엘, 1614)는 1636년 뉴잉글랜드로 떠나기 전에 여러 지역을 다니면서 영적인 설교를 남겼다. 그의 세 아들과 손자들은 모두 목사가 되었다. 또한 그의 아들 존 로저스는 훗날 하버드 대학의 총장이 된다. 이들 중에서는 선구적인 청교도 학자로 유명세를 떨치는 이들도 있었다.

생애

왓슨은 임마누엘 칼리지에서 교과 과정을 마친 뒤에 메리 베레(vere) 여사와 청교도 가정에서 잠시 머물렀다. 그 후, 1646년(26세)에 런던의 왈브룩(Walbrook)에 있는 성 스데반 교회로 가서 거기서 10년은 설교자로서, 6년은 랠프 로빈슨을 대신해서 교구 목사로 섬겼다.

1647년(27세)에는, 청교도 신념을 가진 에섹스의 사역자인 존 비들(John Beadle)의 딸인 아비가일 비들(Abigail Beadle)과 결혼하여 13년 동안 7명의 자녀를 두었는데, 그중에 4명은 일찍 죽었다.

왓슨은 다른 동료 청교도와는 달리, 찰스 1세의 처형에 대해 올리브 크롬웰에게 항의했던 장로교 목회자 중의 하나였다. 그는 1651년(31세)에 크리스토퍼 러브(Christopher Love), 윌리엄 젠킨(William Jenkyn)과 또 다른 사람들과 더불어 군주제를 부활시키려는 음모에 가담하였다는 명목으로 감옥에 갇히었다. 하지만 1652년(32세) 감옥에서 나와 왈브룩에서 목회 사역을 재개하였다.

또한 왓슨은 동료 청교도들과 달리 찰리 2세를 지지하였다. 하지만 찰스 2세에 의하여 복음이 희석되는 것과 양심이 억눌려지는 것마저 지지한 것은 아니었다. 왓슨이 런던에서 사역을 시작한 16년 후인 1662년(42세), 찰스 2세가 이끄는 정부는 기도방식 통일령(the Act of Uniformity)을 통과시켰다. 왓슨은 왕권에 늘 충성을 다했지만, 이 법안은 청교도 신념에 모순되기에 찬성할 수 없었다. 그해(1662년) 정부는 그를 목사직에서 면직시켰다.

1662년 통일령이 통과되었을 때, 왓슨은 목사직에서 쫓겨난 후, 범법자(outlaw)의 생활양식이 허용하는 범위 안에서 사적인 기회를 자주 만들어 헛간, 가정집, 숲속에서 설교를 하였다. 런던의 대화재 후인, 1666년(46세)에 공공 예배를 위하여 큰 공간을 마련하고 예배에 참석하기를 원하는 이들을 환영하였다. 몇 년 후인 1672년(52세)에, 신교의 자유에 관한 법령(Act of Indulgence)이 나와서 기도방식통일령이 무효가 되었고, 왓슨은 원래의 생활로 돌아왔다.

그는 비숍스게이트(Bishops gate)의 크로스비 홀(Crosby Hall)에서 설교할 허가를 얻었다. 거기에서 그는 스데반 차녹(Stephen Charnock)과 함께 사역할 때까지 3년 동안 설교를 했으며, 1680년(60세) 차녹이 죽을 때까지 함께 일하였다. 건강이 상할 때까지 계속해서 일했다. 이후, 에섹스(Essex)에 있는 반스턴(Barnston)에서 은퇴했다. 1686년(66세) 반스턴에서 개인기도 중에 갑자기 소천하여 그의 장인 목사가 묻혔던 묘역에 같이 묻혔다.

왓슨의 저서는 교리를 깊이 있게 설명하고 있으며, 그의 표현 방식은 분명하고, 따뜻한 영성의 소유자였으며, 사랑을 적용할 줄 알았고, 예화가 풍성한 설교 은사를 가졌다. 덕분에 그는 설교자와 작가로 명성이 높았다.

사상

왓슨이 칼빈의 사상을 이어받았음을 알 수 있는 것은, 그리스도의 세 가지 직분에서이다. 그리스도의 직분에는 선지자직(예언직), 제사장직(사제직), 왕직이 있다. 왓슨은 자신의 저서에서 그리스도의 삼중직에 대해서 자세히 설명하고 있다.

칼빈은 「기독교 강요」에서 "그리스도"라는 칭호가 이 세 가지 직분에 관계된다는 사실에 주목해야 한다고 썼다. 율법 아래에서 제사장들과 왕들은 물론 선지자들도 거룩한 기름으로 부음을 받았다는 것을 우리가 알고 있기 때문이다.

그리스도의 선지자직

칼빈은 그리스도의 선지자직에 대해서 그리스도께서 성령으로 말미암아 기름 부음을 받아 아버지의 은혜를 선포하는 전령(傳令)과 증인이 되신다고 했다. 또한 그리스도는 자신을 위해 기름 부음을 받으셨지만, 동시에 성령의 능력이 복음을 선포하는 일에 계속 임재 해 있도록 그의 몸 전체를 위하여 기름 부음을 받으셨다는 것이다. 또한 그리스도께서 전하신 완전한 교리가 모든 예언을 종결지었다는 점을 기억해야 한다고 강조한다. 바울이 "그리스도께서 십자가에 못 박히신 것 외에는 아무것도 알지 못하노라."(고전 2:2), 한 것은 복음의 단순함을 넘어서려는 것이 온당치 못한 일이라는 사실을 강조하기 위해서이다. 교리의 대요(大要) 속에 완전한 지혜의 모든 것들이 담겨 있음을 볼 때, 그리스도의 선지자적 위엄을 알 수 있다.

"네 하나님 여호와께서 선지자 하나를 너를 위하여 일으키시리니"(신18:15) 왓슨은 이를 그리스도를 가리키는 말씀이라 했다. 선지자로서의 그리스도에게 몇 가지 이름을 주셨다고 했다. 이사야 9:6에서는 '모사'라고 불린다. 언약의 사자는 오직 그리스도를 가리키는 경우에만 사용된다.

선지자로서 그리스도는 외적으로는 '그의 말씀으로써' 가르치시고, 그리스도께서는 이 신성한 비밀을 '성령을 통해 내적으로' 가르치신다.(요 16:13) 그리스도께 가르침을 받은 사람은 천국의 비밀을 깨닫게 된다.

그리스도께서 가르치신 교훈은 우리 마음을 돌아보도록 가르치시며 피조물의 허무함을 보이지 않는 사물의 우월성을 가르치신다.

그리스도의 가르침이 다른 이들의 가르침과 다른 점은 그리스도는 직접 마음을 가르치신다는 것이며 우리에게 말씀을 경험하게 해주신다. 가르치신 내용을 우리로 하여금 순종하게 하신다. 또한, 그리스도께서는 쉽게 가르치시고 기꺼이 배우도록 하시며 그리스도께서 가르치시면, 그는 깨닫게 하실 뿐 아니라 살리신다.

그리스도 안에는 풍성한 지혜가 있다고 왓슨은 말하고 있다.

그리스도의 제사장직

칼빈은 그리스도의 제사장직의 목적과 용도를 곧 그리스도께서 순결하고 흠 없으신 중보자로서 그의 거룩하심으로 말미암아 우리를 하나님과 화목하게 하시고자 함이라고 했다. 우리가 하나님의 자비하심을 얻고 그의 진노를 누그러뜨리기 위해서는 반드시 속죄(贖罪)가 중간에 개입해야만 한다. 이러한 제사장직은 오직 그리스도에게만 해당한다. 그리스도는 이러한 직분을 감당하기 위해서 십자가 위에서 돌아가신 것이다. 우리의 대제사장이신 그리스도께서 우리의 죄를 씻으신 다음 우리를 거룩하게 하신다.

결국 그리스도는 우리의 영원한 중재자이시다. 그의 간구하심을 통해서 우리가 하나님께 자비하심을 얻을 수 있기 때문이다.

그리스도께서는 자신과 더불어 우리를 아버지 앞에서 거룩하게 하셨으므로 우리가 그의 거룩하심으로 가득 차 있어, 그리하여 우리 자신은 가증스럽지만 그런 우리가 순결하고 깨끗한 자로 심지어 거룩한 자들로 하나님을 기쁘시게 할 수 있는 것이다.

왓슨은 요리 문답의 형식으로 그리스도의 제사장직을 말한다.

질문 25: 그리스도는 제사장직을 어떻게 수행합니까?

답변: 그리스도는 하나님의 공의를 만족하게 하시고, 우리를 하나님과 화해시키기 위해서 자신을 희생 제물로 단번에 드리시는 것으로, 그리고 우리를 위해 지속해서 중보하시는 것으로 자신의 제사장 직분을 행하신다.

그리스도의 제사장직은 두 부분으로 구성된다. 그리스도의 희생과 중보이다. 그리스도의 희생에는 능동적 순종과 수동적 순종이 있다.

그리스도의 능동적 순종은 우리를 위해 율법이 요구하는 모든 것을 이루신 것이다. 즉, 그리스도께서는 율법을 완성하셨다.

수동적 순종이란 우리의 죄책을 자신에게 이전하고, 전가하기 위해 그리스도는 우리에게 임할 형벌을 몸소 당하셨다.

그리스도께서 제사장이 되셔야 하는 필수적인 이유는 조정자의 역할 때문이다. 죄인인 신자와 거룩하신 하나님을 화해시킬 수 있는 유일하신 분이 그리스도이시다.

그리스도의 고난은 신성과 연합되어 있는 인성이 고난을 받으셨고, 따라서 신성이 죄를 만족시키셨다. 그리스도의 신성은 인성을 연약해지지 않도록 지탱시켰고, 그리스도의 고난을 효력 있게 만드셨다.

그리스도의 고난은 우리에 대한 하나님의 공의를 만족시키기 위해서였다. 왓슨은 그리스도께서 고난 겪으신 이유를 몇 가지 더 설명하고 있다. 성경의 예언을 성취하기 위해서 우리를 하나님과 화해로 이끌기 위해서 그리스도는 자신의 마지막 유언(성령을 보내심, 약속들)을 성취하시기 위해서 돌아가셨다. 우리의 영광스러운 처소를 마련하시기 위해서 고난을 겪으셨다.

그리스도의 중보사역은 오직 택한 백성을 위해서이다. 그리스도의 중보사역에는 세 가지가 있다. 그분은 자신의 피의 공로를 아버지께 제시하고, 지불한 그 값의 대가를 통해 아버지에게 자비를 구하신다. 선택받은 자에게 발해지는 모든 고소장들을 처리하신다. 죄인의 무죄 사면을 요청하신다.

그리스도의 중보사역은 아무런 대가 없이 중보 하신다. 죄인들의 죄를 자신의 죄 인양 감정을 갖고 효력 있는 중보를 하시는데, 그리스도와 하나님 사이의 한 가지 뜻은 오직 진리로 죄인들을 거룩하게 하시는 것이다.

그리스도의 중보의 열매는 칭의, 성령의 기름부음, 거룩하심으로 신자들을 정화시키심, 은혜의 보좌에 담대히 나아감, 보혜사를 보내심, 은혜 안에서 오래 참음, 심판 날에 사면 선고를 받게 된다.

그리스도의 왕직

칼빈이 말하는 그리스도의 왕직이란 영적이다. 이는 우리가 세상에서 살아가면서 십자가 아래에서 싸우는 동안 우리의 조건이 어렵고 쓰라리다는 사실에서 충분히 드러난다. 그리스도 안에서 우리에게 약속된 행복이 외형적인 것이 아니라 하늘의 생명에 속한 행복이라는 것이다. 그리스도께서 영혼의 영원한 구원을 위하여 필요한 모든 것들을 그의 백성들에게 풍성하게 베푸시며 또한 영적 원수들의 모든 공격을 대적하여 든든히 설 수 있도록 용기로 그들을 막아 주시는 것이다. 이렇듯 그리스도께서 안팎으로 통치하시는 것은 자기 자신보다는 우리를 위한 것이다. 우리에게 유익한 대로 성령의 은사를 주신다.

그리스도의 통치 본질은 이 땅의 것이 다가 아니다. 우리는 그의 옷을 입고서 세상의 모든 비난을 용감하게 극복할 수 있다. 또한, 그의 은사들을 값없이 우리에게 풍성하게 주시는 것처럼, 우리도 보답하여 그의 영광을 위해 열매를 맺어야 한다고 칼빈은 말한다.

왓슨은 그리스도의 왕직에 대해서 이렇게 답한다.

질문 26: 그리스도는 왕직을 어떻게 수행하십니까?

답변: 그리스도는 우리를 자신에게 복종시킴으로써, 우리를 지배하고 보호하십으로써 그리고 자신과 우리의 모든 원수를 물리치고 정복함으로써 자신의 왕직을 수행하십니다.

"그 옷과 그 다리에 이름 쓴 것이 있으니 만왕의 왕이요 만유의 주라 하였더라"(계 19:16) 그리스도는 왕으로서의 칭호를 가지고 계신다. "지존 무상하며"(사 57:15), 그리스도는 왕의 표상들을 가지고 계신다. "허리에 칼을 차고"(시편 45:3), 홀을 가지고 계시며 "주의 나라의 홀은 공평한 홀이니이다"(히 1:8) 그분은 자신의 방패 또는 갑옷을 갖고 계신다. "유대 지파의 사자"(계 5:5) 그리스도는 만왕의 왕이라는 직분과 "땅의 임금의 머리"(계 1:5)로 불리신다.

그리스도는 하나님께서 기름 부음으로 왕직을 봉하셨다. 하나님이 그리스도의 머리 위에 면류관을 씌우셨다. "인자는 아버지 하나님의 인 치신자니라"(요 6:27)

그리스도는 그의 백성에 관하여 왕이시며, 그의 원수들과 관련하여 왕이시다. 그리스도는 영적인 나라의 왕이시다. 그분은 사람들의 마음속에서 다스리시는 분이시다.

그리스도는 율법과 사랑으로 자신들의 백성들을 다스리신다. 그는 자기 백성들을 지키시는 분이시다. 또한 자기 백성들에게 상급을 주시는 분이시다. 또한 원수들을 굴복시키고 정복하심으로써, 그리스도는 왕이 되셨다.

왓슨은 그리스도의 삼중직을 충실하게 설명하고 있다. 그는 자신의 주장을 내세울 때는 반드시 성경의 말씀을 인용한다. 이렇듯 왓슨은 정통 청교도 중에서도 칼빈의 중심 사상을 설교하며 가르치는 목사였다.

저술

저서는 대부분 그리스도인의 삶에 관한 문제를 다룬다. 이는 목회자로서 성도들이 어떻게 살아야 하는가를 가르치는 것이다.

1) 신학의 체계: 1692년 왓슨이 죽은 이후 처음으로 번역 출판된 그의 주저였고 가장 유명한 책이다. 대부분의 다른 조직신학 책들과는 달리 이 책은 지식과 경건을 결합하고 매일의 경건을 위해 효과적으로 사용할 수 있다. 「주기도문 해설」과 「십계명 해설」은 왓슨의 소교리문답 해설을 완성한다.

왓슨은 그의 저서를 통해, 하나님의 백성인 그리스도인이라면 '어떻게 살아갈 것인가'라고 하는 실존적이며 실체적인 삶의 방식을 가르친다. 즉, 그는 설교와 저서를 통해서 신자의 내적, 외적 변화를 현실성 있게 접근한다. 이는 이성적이고 합리적인 시도를 뛰어넘는, 영적 진리에 대한 깊은 이해를 통해서 지식과 경건을 결합한다. 왓슨을 통해서 바라보는 신앙은 경건의 지식이라는 토대 위에서 이루어져야 하며, 경건의 삶은 곧 거룩한 삶, 성화로서 드러난다.

그의 주요 저서인 「신학의 체계」에 십계명과 주기도문을 첨가한 A Body of Divinity Contained in Sermons upon The Assembly's Catechism은 왓슨의 신학적인 전반을 체계적으로 완성을 시키는 의미였다.

2) 주기도문 해설 : 예수님의 모범 기도의 간구를 설명하기 위

해서 문답형식을 사용한다.

3) 십계명 해설 : 이 세 번째 책은 각 계명뿐만 아니라 전체로서의 도덕법을 검토한다. 내재하는 죄의 다양한 책략을 반복해서 보여준다. 그리스도인의 삶에서 차지하는 율법의 중요성이라는 견지에서 이 책은 대단한 가치 있는 책이다.

4) 팔복해설 : 신자가 성화를 이루는 데는 하나님께서 주신 복이 중요하다. 왓슨은 복에 대해 말하면서, 복이 아닌 것을 먼저 말한다. 온유함은 그리스도인에게 일종의 위대한 장식이면서 온유함은 하나님처럼 되는 길이다.

5) 신적인 만족의 기술 : 빌립보서 4장 11절의 말씀에 대한 해설서이다. 이 저서의 핵심은 '자족함'이다. 경건함이 주는 자족이란 현실의 상황에 안주하는 것이 아니라, 하나님만을 바라보며 기뻐하며 안심하는 것을 말한다. 바울의 자족함, 자족의 본질, 자족하기 힘든 경우, 자족이 주는 유익, 자족해야 하는 이유, 자족하면 안 되는 경우, 자족하는 자의 특징, 자족하는 법, 자족하는 자의 축복으로 나누어져 있다.

6) 천국을 침노하다 : 다양한 은혜의 수단들을 사용하는 방법에 대한 안내서이다. 마태복음 11장 22절을 근거하여, 왓슨은 그리스도인이 성경 읽기, 해석, 기도, 묵상, 자기 점검, 대화 그리고 주일 지키기를 통하여 거룩한 맹렬함으로 천국을 취하는 방법을 묘사한다. 침노는 빼앗는 것을 의미하는 것으로 침노는 자기 자신, 세상, 사탄, 천국으로 네 가지 차원에서 이루어진다. 침노란 거룩한 무력을 뜻하는 것이며, 진리를 위해 싸우는 것을 뜻한다. 이에 자

신을 침노하는 것은 자기 죄를 죽이며 신앙의 의무를 충실히 하는 것이다. 하나님의 말씀을 듣고, 읽고, 기도, 묵상, 자기성찰, 주일성수, 거룩한 대화를 나누는 것이다. 또한 하나님께서는 게으른 자와 사악한 자를 똑같이 취급하신다. 또한 천국에 가는 것이 쉽다면, 바울이 왜 몸을 쳐서 복종시켜야 했고, 성경이 왜 천국을 침노하라고 말했으며, 왜 그것을 새로운 탄생(요 3:7)과 새로운 창조(시 51:10)에 빗대었겠는가? 천국에 가는 길이 쉽다고 생각하지 않도록 조심해야 한다. 우리의 본성을 거스를 뿐 아니라 뛰어 넘는 일이다.

7) 안심하라 : 이 저서는 1662년 2000명의 목회자와 영국 국교회를 떠난 후 극심한 박해와 곤경 속에서 집필 되었다. 세 가지의 주제로 나누는데, ①영광스런 특권 ②이 특권을 누릴 수 있는 사람은 하나님을 사랑하는 사람들이며, 또한 부르심을 받은 사람들이다. ③이러한 부르심의 동기는 '그 뜻대로'라는 말이 명시되어 있다. 왓슨은 좋은 일도, 나쁜 일도 하나님의 경건한 사람들에게는 선을 이루는 과정일 뿐이다. 언약 덕분에 모든 것이 선을 이루게 되는 것이라고 한다.

8) 하나님을 경외하는 사람: 이 작품은 '성경, 연필로 그려진 혹은, 천국으로 갈 사람의 몇몇 특징'이라는 부제를 가지고 있다. 경건의 본질을 설명한 이후 그는 24가지의 특징을 기술한다. 저서의 중심적 주제는 성도와 하나님과 깊은 교제를 전반적으로 다루고 있다.

9) 거룩한 두려움: 이 책을 쓴 목적은 굳건한 믿음 생활을 독려

하고 경건한 삶이 아무런 유익이 없다고 여기는 무신론자의 주장을 반박하기 위함이다. 이 글을 쓴 시대가 물질적으로는 풍성하지만, 영적으로는 대부분 추상적 관념이나 형식주의에 빠져 있어서 참된 신앙이 거의 증발하여버린 시대라고 한다. 이러한 시대를 걱정하면서 왓슨은 경건한 삶을 독려하면서 쓴 글이다. 하나님을 묵상하는 것은 경건한 자의 가장 큰 특징이라고 한다. 그러한 자들은 하나님께 큰 축복을 받는다.

10) 회개: 이 저서는 1668년 5월 2일 자로 서문에 나타난다. 회개에는 은혜가 필요하며, 성령께서 역사하셔야만 가능하다. '회개는 성령의 은혜로 죄인의 내면이 겸손해지고 삶이 변화되는 것'이라고 표현한다. 이 책에서 그는 '죄'에 대해 깊이 성찰하고 있다. 성령과 회개는 불가분의 관계이며, 참다운 회개를 통하여 거듭날 수 있다. 왓슨에 의하면 회개는 육체를 십자가에 못 박는 것으로(갈 5:24), 돌연히 이루어지는 것이 아니고 서서히 이루어지며, 평생 이루어지는 것이라 했다.

11) 성도의 영적 기쁨과 묵상의 산에 오르다 : 이 작품은 왓슨의 희귀한 논문 두 편을 첫 번째는 시편 1:2의 첫 부분, 그의 두 번째 논문은 시편 1:2의 후반부에서 나온 것이다. 그에 의하면 묵상은 신앙생활의 핵심이자 생명이다.

12) 죄의 해악: 죄를 분명하게 다룬 작품이다. 이 책에서는 죄로 인한 인간의 비참함, 죄인들의 절망, 마지막이며 위대한 변화, 지옥의 형벌로 나눈다. 부록에는 '주의 만찬의 신비'가 포함되어 있다.

존 맥아더는 "토마스 왓슨의 죄에 대한 연구는 심오하고 죄를 깨닫게 하며 생각을 자극하고 부유한 영적 통찰력으로 가득 차 있다. 그것은 청교도 저술의 최상의 특징을 뿜어낸다. 그것은 교리적이면서도 그만큼 경건하고 성경적으로 건전하면서 그만큼 실천적이고 죄를 깨닫게 하면서 그만큼 기쁘게 하는 이 책은 죄에 대한 성경적 문제들을 마음에 사무치게 한다. 당신은 이 책을 읽고도 당신 자신의 삶에서 죄에 대해 무관심하게 남아 있을 수 없을 것이다."라고 말했다.

  그의 저서는 그리스도인들의 죄와 삶의 문제를 깊이 파고든다. 그의 글들이 영적인 이유는 그가 하나님의 말씀을 토대로 자신의 시대를 통찰하며 그리스도인으로 사는 삶이 어떠해야 하는지를 끝없이 외쳤기 때문이다. 그의 언어는 그 시대에 절실히 필요했던 죄인과 천국 시민을 오가는 대중들에게 꼭 필요한 외침이었으며, 런던에서 가장 인기 있는 설교자 중의 한 명으로 손꼽힌다.

장별출처

1장. 인간은 하나님의 약속에 따라 구원을 얻게 된다

Thomas Watson, *A Body of Divinity Contained in Sermons upon The Assembly's Catechism,* (Printed and Published for the Pastors'College, by Passmore & Alabaster, 4, Paternoster Bulldings, London: 1881)

Calvin, *Institutes* MacNeil II.7.7 note 11. Augustine, *On Rebuke and Grace* 1, 2 (MPL 44. 917 ; 영역, NPNF V. 472): 권호덕, 「율법의 세 가지 용도와 그 사회적 적용」, 82.

Watson, *A Body of Divinity*, 230. 99. 100.101.102.

Goodwin, *An Unregenerate Man's Guiltiness*, in *Works*, 10:17-19

Richard Muller and Rowland S. Ward 편집, *Scripture and Worship: Biblical Interpretation and the Directory for Public Worship* (Phillipsburg, N J: P&R, 2007), 71.

Owen, *Justification by Faith*, in *Works*, 5:323.

Beeke, 「청교도의 신학의 모든 것」, 248.

Burgess, *Original Sin*, 87. 89.

Maccovius, *Scholastic Discourse*, 181.

Watson, *The Doctrine of Repentance,* 34.

Thomas Watson, *The Mischief of Sin* (1671), ed., Vasile Lazar, (Liliacului: Magna Gratia, 2017).32-41. 55. 55-68. 77-86. 88-95. 103.

Owen, *Mortification of Sin in Believers*, in *Works*, 6:41.6:77.6:86.

John Flavel, *The Method of Grace*, in *The Works of the Rev. Mr. John Flavel*, 2:198.

Peter Lillback *The Binding of God: Calvin's Role in the Development of Covenant Theology* (Grand Rapids: Eerdmans, 2001), 13-28, 126-304.

Calvin, *Commentary* on Exodus, 6:5; Calvin, *Commentary* on Jeremiah 33:8.

Calvin, *Commentary* on Malachi 2:4.

Calvin, *Institutes*, III.17.6.

원종천, 「성화의 부진과 칭의의 고민」, 219.

임원택, "17세기 영국 청교도의 도덕법 논쟁," 388.

James Ussher, *A Body of Divinitie* (London, 1646), 123.

Thomas Blake, *Vindiciae Foederis, or A Treatise of the Covenant of God Entered with Man-Kinde*...(London, 1658), 11.

George Walker, *The Manifold Wisedome of God* (London, 1640), 39.

Obadiah Sedgwick, *The Bowels of Tender Mercy Sealed in the Everlasting Covenant*... (London, 1661), 2.

William Bridge, *Christ and the Covenant* (London, 1667), 57-58.

John Owen, *Exposition of Hebrews*, in *Works* (Oxford, 1656), 19:81.

Gillespie, *The Ark of the Testament Opened* (London, 1661), 49-51.

Owen, *Exposition of Hebrews*, in *Works*, 19:82.

Owen, *Exposition of Psalm CXXX*, in *The Works of John Owen, D. D* (Edinburgh: Johnstone & Hunter, 1850-1855), 6:470-471.

Edward Leigh, *A Treatise of the Divine Promises* (London, 1633), 63.

William Gouge, *A Learned and Very Useful Commentary on the Whole Epistle to the Hebrews Wherein Every Word and Particle in the Original Is Explained* (London, 1655), 251.

Gouge, *Epistle to the Hebrews*, 251.

Won Taek. Lim, *The Covenant Theology of Francis Roberts* (Chungnam: King & Kingdom, 2002).

Willem van Asselt, *The Federal Theology of Johannes Cocceius* (1603-1699) (Leiden: E. J. Brill), 254-257. 참조. 아셀트는 다음과 같은 용어들을 제시한다. 자연언약(foedus naturae), 자연적 언약(foedus naturale), 창조언약(foedus creationis), 율법언약(foedus legale), 하나님과의 친교(amicitia cum Deo), 행위언약(foedus operum), 토마스 굿윈은 창조의 법(juscreationis)라고 주로 말한다.

Robert Rollock, *A Treatise of Gods Effectual Calling* (London, 1603), 6-7.

John Maynard, *The Beauty and Order of the Creation* (London, 1668), 132.

Ball, *The Covenant of Grace*, 10.

Maynard, *The Beauty and Order of the Creation*, 190.

Gillespie, *The Ark of the Testament Opened*, 221.

George Swinnock, *The Works of George Swinnock* (Edinburgh: James Nichol, 1868), 4:61.

Carl Trueman, *John Owen: Reformed Catholic, Renaissance Man* (Aldershot: Ashgate, 2007), 71.

Beeke and Jones, *A Puritan Theology*, 236.
임원택, "프란시스 로버츠의 언약신학," 169.
Catechesis, Summa theology pre questione et responsiones exposita in D. Sachariae Ursini opera theologica, ed. *Quirinus Reuter* (Heidelberg: John Lancellot, 1612); *The Commentary of Dr. Zacharias Ursinus on the Heidelberg Catechism,* tr. G. W. Williard (Grand Rapids: Eerdmans, 1954); 김재성, 「개혁신학의 정수」 (서울: 이레서원, 2003), 205. 207. 213.
웨스트민스터 신앙고백, 7. 3
John Owen, *Theologoumena,* in *The Works of John Owen, D. D* (Edinburgh: Johnstone & Hunter, 1850-1855), 17:158 [3.1.6].
John Ball, *A Treatise of the Covenant of Greace* (London, 1645), 14-15.
Perkins, "Golden Chaine." in *The Works*, vol. I. 32. 70.71.
원종천, "청교도 율법의 경건의 역사적 배경," 102.
Owen, *Justification,* in *Works*, 5:276.
Peter Lillback *The Binding of God: Calvin's Role in the Development of Covenant Theology* (Grand Rapids: Eerdmans, 2001), 13-28, 126-304.
Calvin, *Commentary* on Exodus, 6:5; Calvin, *Commentary* on Jeremiah 33:8.
Calvin, *Commentary* on Malachi 2:4.
Calvin, *Institutes*, III. 15. 4.
Calvin, *Commentary on Luke*, 17: 7-10.

2장. 의로움과 거룩함이란 무엇일까

Watson, *A Body of Divinity*, 157. 167. 168. 170. 171. 172.
William Perkins, 「황금 사슬: 신학의 개요」, 김지훈 역 (용인: 킹덤북스, 2016), 322-324.
William Ames, 「신학의 정수」, 서원모 역 (고양: 크리스챤 다이제스트, 2012), 212. 215.
Beeke, 「칼빈주의」, 341,
Robert Traill, *Works of Robert Traill* (Edinburgh: Banner of Truth Trust, 1975), 3:73.
Packer, 「청교도 사상」, 299-301.

Harmonia Apostolica (Library of Anglo-Catholic Theology), I:58; quoted in Allison, op cit, chap 6, "The Theology of Geroge Bull."

A. W. Harrison, *Arminianism*(Duckworth: London, 1937), p 111. Amyraldism is evaluated (under the name 'Post-redemptionism')in B. B. Warfield, *The Plan of Salvation*, Eerdmans: (Grand Rapids, 1984), 90-96.

Packer, 「청교도 사상」, 303.

Packer, 「청교도 사상」, 303-304.

Cf. Peter Toon, *The Emergence of Hyper-Calvinism in English Nonconformity, 1689-1765* (The Olive Tree; London, 1976), chap 3, for detail of the story.

Packer, 「청교도 사상」, 306-307.

Packer, 「청교도 사상」, 307-308.

David R. Como, *Blown by the Spirit :Puritanism and the Emergence of an Antinomian Underground in Pre-Civil-War England* (California: Stanford University, 2004), 1311.

David R. Como, *Blown by the Spirit :Puritanism and the Emergence of an Antinomian Underground in Pre-Civil-War England*, 1311.

John Eaton, *Honey – Combe*, 147: 154-7: 192, 125.

Robert Towne, *Assertion of Grace*, 13.

John Saltmarsh, *Sparkles of Glory*, 192.

John Saltmarsh, *Free- Grace*, 173, 174.

Thomas Taylor, *Regula Vitaek*, Preface.

John Sedgwick, *Antinomianisme Anatomized*, 3.

Richard Byfield, *Temple-defilers*, 449.

Tobias Crisp, *Christ Alone Exalted*, in *Works*, I. 154.

Crisp, *Christ Alone Exalted*, in *Works*, I. 123.

Burgess, *Original Sin*, 93.

Owen, *The Nature and Power of Indwelling Sin*, In *The Works of John Owen, D.D.* (Edinburgh: Johnstone & Hunter, 1850-1855), 6:159.

Burgess, *Original Sin*, 93.

Owen, *The Nature and Power of Indwelling Sin*, In *The Works of John Owen*, 6:159.

Owen, *The Nature and Power of Indwelling Sin*, In *The Works of John Owen*, 6:166.

Owen, *The Nature and Power of Indwelling Sin*, In *The Works of John Owen*, 6:167.

Watson, *A Body of Divinity*, 102.253.

3장. 의로움과 거룩함의 역사

Ib, 5:21:2; Kelly, 「고대기독교 교리사」,190.191-192.
John Behr, *Asceticism and Anthropology in Irenaeus and Clement*, (London: Oxford University Press; Reprint edition, 2017), 43.44.85.
Jose Moralez, 「창조론」, (서울: 카톨릭출판사, 2015), 429.
Origen,「원리론」, (서울: 아카넷, 2014), 499.
De Oratione. VI, 3(GCS 2, 313, 305); 염창선, "오리게네스의 'Peri Euches'의 기도 이해와 의미," 44.
De Trinitate xv, xvii, 31 ; McGrath, 45.
Augustine, *On the Spirit and the Letter*, 18, in *Nicene and Post-Nicene Fathers*, 5:90.
원종천, 「성화의 부진과 칭의의 고민」, 62.
Augustine, *On the Soul and Its Origin*, 16, in *Nicene-and Post-Nicene Fathers,* 5:361.
J. A. A. Stoop, *Die Deificatio Hominis in die Sermones en Epistulae van Augustins* (Leiden: Luctor et Emergo, 1952); MaGrath, 48.
McGrath,「이신칭의」,51.59-60.62.
Berkhof, *The History of Christian Doctrine*, 213.
Aquinas, *Summa Theologiae*, I-II, Q.85, Art. 1; 노병기, 「거룩한 칭의」,(서울: 예영 커뮤니케이션, 2015), 372.
Aquinas, *Summa Theologiae*, I-II, Q.85, Art. 1.8.2.1
대죄란, 우상숭배, 살인, 간음 등과 같은 죄를 말한다.
Williston Walker, *Great Men of the Christian Church* (Chicago: The University of Chicago Press, 1908), 188-189.
Martin Luther, *Luther: Lectures on Romans*, The Library of Christian Classics, ed. Wilhelm Pauck, vol 15 (Philadelphia: The Westminster Press, 1961), 141.
원종천, 「성화의 부진과 칭의의 고민」, 101.
김용주, 「칭의, 루터에게 묻다」, 69.138-144.
Sermo de Duplici Justitia, Studien Ausgabe Bd 1,222.
Martin Luther, *Werke. Kritische Gesamtausgabe, Weimar* 1883 ff. 40/1, 479. *WA*로 통칭함,*Ad Galater*, 234.
WA 40 II,563.
Philipp Melanchthon, *The Apology of the Augsburg Confession*, 83.
Melanchthon, *Loci communes, Theologici*, ed. and trans. 152.155.123.117

「그리스도의 칭의론」, 164. 163. 162.
멜랑히톤이 1521년에 쓴 「신학총론」에서는 "일어나는 모든 것이 하나님의 예정에 따라 필연적으로 일어나기 때문에, 우리 의지의 자유는 없다."라고 했다.
John Calvin, 「그리스도의 칭의론」, K. Scott Oliphint 편집 (서울: 기독교문서선교회, 2017), 156.
Calvin, 「그리스도의 칭의론」, 157-158.
Calvin, *Commentary* on Habakkak 2:4.
Calvin, *Commentary* on John 15:1.
Calvin, *Institutes*, III.11.2. ; III.11.30. ; III.11.8-12.
원종천, 「성화의 부진과 칭의의 고민」, 196.
Calvin, *Institutes*, III.11.5.
Calvin, *Institutes*, III.11.12. III.11.23.
James I. Packer, 「청교도 사상」, 박영호 역(서울: 기독교문서선교회, 2016), 290.
은총론 논쟁: 1597년 교황 클레멘스 8세는 도미니코회와 예수회 사이에 벌어진 을 진정시키기 위해 은총론 토론 위원회를 발족하게 된다. 넓은 의미로 교회사상 은총신학의 여러 측면, 즉 자유의지와 은총과의 상관성, 특히 조력은총이 자유에 대해서 지니는 관계에 관한 신학적 논쟁에 대한 일련의 논쟁을 뜻하나 좁게는 도미니코회 학파와 예수회 학파 간에 일어난 '도움에 관한 쟁론'(disputatio de auxiliis)을 가리킨다.

트리엔트 공의회(라틴어: Concilium Tridentinum, 또는 트렌트 공의회)는 1545년부터 1563년까지 이탈리아 북부 트렌토(트리덴틴)와 볼로냐에 소집된 로마 가톨릭교회의 공의회이다. 이 공의회는 흔히 소위 종교개혁이라고 불리는 사건으로 인한 프로테스탄티즘의 출현에 자극받은 반종교개혁의 전형으로 묘사된다. 세계적 신학자 한스 큉은 트리덴틴 공의회를 한마디로 표현해, "개신교의 종교개혁 요구에 수많은 파문과 정죄로서 응답한 공의회'라고 말했다. 이 공의회의 목적은 종교개혁에 반발하여 '누가 이단이냐'를 가리는 것이 아니라 '무엇이 이단인가'를 밝혀 가톨릭 신앙 교리의 명확한 한계를 정립하기 위한 것이었다. 이 공의회는 반종교개혁의 독특한 고백 성격을 지닌 공의회였으며, 종교개혁으로 빠르게 개신교화 되고 있던 유럽을 재가톨릭화하려는 목적을 이루려는 공의회였다. 이 목적은 유럽 대부분 지역에서 정치적, 군사적으로 수행되었고 이 때문에 전 유럽에 엄청난 폭력의 홍수를 유발하였다. 그로부터 400년이 지난 후, 교황 요한 23세는 제2차 바티칸 공의회를 준비하면서 트리덴틴 공의회에서 반포한 교령들은 '여전히 유효하다'고 단언했다. https://ko.wikipedia.org/wiki/

Battista Mondin, 「신학사 3, 근대 편」, 윤주현 역 (서울: 가톨릭출판사, 2018), 563.

Mondin, 「신학사 3, 근대 편」, 565-566.581-586. 586-592.

김진하, 「칼빈 이후의 개혁신학자들」, (부산: 고신대학교개혁주의학술원, 2013), 30. 27.

Fatio, "Lambert Daneau"in *Shapers of Religious Traditions in Germany, Switzer-land and Poland*, 115; 김진하, 「칼빈 이후의 개혁신학자들」, 27.

Fatio, "Lambert Daneau"in *Shapers of Religious Traditions in Germany, Switzer-land and Poland*, 115; 김진하, 「칼빈 이후의 개혁신학자들」, 27.30.32.

David Martyn Lloyd Jones, 「로이드 존스 교리 강좌 시리즈 I」,(서울: 부흥과개혁사, 2007), 77.

김호환,"김호환 박사의 신학단상 (17) 루터 신학에 대한 오해", 「기독일보」, 2011. 7. 8일자.

George Downame, *A Treatise of Justificatiam*, 1633.

De iustif, lib. 2. *cap*. 3; Edward Hindson, 「청교도 신학」, 박영호 역(서울: 기독교문서선교회, 2002), 246.

Hindson, 「청교도 신학」, 246-267.

Ernest F. Kevan, *The Grace of Law: A Study in Puritan Theology* (Ligonter, Pa.: Soli Deo Gloria Publication, 1993), 92-109.

Peter Bulkeley, *The Gospel-Covenant* (London: Thomas Parker, 1674), 358.

Calvin, *Institues of the Christian Religion*, III.I.I.

Goodwin, *Of Christ the Mediator*, 5:350.

Thomas Goodwin, *The Object and Acts of Justifying Faith*, 8: 406.

Owen, *An Exposition of the Epistle to the Hebrews*, in *The Works*

Owen, *Discourse Concerning the Holy Spirit*, in *The Works*, 3:464.

Joel R. Beeke and Mark Jones, 「청교도 신학의 모든 것」, 김귀탁 역(서울: 부흥과개혁사, 2017), 559.

Witsius, *Conciliatory, or Irenical Animadversions on the Controversies Agitated in Britain*, 68

John Ball, *A Treatise of Faith* (London: for Edward Brewster, 1657), 85.

John Preston, *The Saints Qualification*, in *An Abrdgment of Dr. Preston's Works* … (London: J. I. for Nicholas Bourn, 1648), 738; Beeke and Jones, 「청교도

신학의 모든 것」, 560.

Stephen Charnock, "A Discourse on the Nature of Regeneration," *The Complete Works of Stephen Charnock* (1845, 재판, Edinburgh: Banner of Truth Trust, 1985), 3:89; Beeke and Jones, 「청교도 신학의 모든 것」, 561.

The Puritan Experience (London: Routledge and Kegan Paul, 1972), 5-16.

Thomas Boston, *The Complete Works of Thomas Boston* (Stoke-on-Trent, U.K.: Tentmaker Publication, 2002), 6:585-586.

Joel R. Beeke, 「칼빈주의」, 신호섭 역(서울: 지평서원, 2015), 329-341.

4장. 마음의 밭을 가는 일에 대해

Watson, *A Body of Divinity*, 157. 167. 168. 170. 171. 172.

William Perkins, 「황금 사슬: 신학의 개요」, 김지훈 역 (용인: 킹덤북스, 2016), 322-324.

William Ames, 「신학의 정수」, 서원모 역 (고양: 크리스챤 다이제스트, 2012), 212. 215.

John Owen, 「칭의론」, 박홍규 역 (서울: 처음과 나중, 2020), 216.

Johann Amdt, 「진정한 기독교」,(서울: 은성, 2004), 298-299.

Jonathan Edwards, 「이신칭의」, 정부흥 역(서울: 그리심, 2019), 109.

Edwards, "Justification by faith alone," *WJE* 19:207; Edwards, 「이신칭의」, 56. (편역자의 서론 부분.)

Edwards, 「이신칭의」, 240.

Perkins, 「황금 사슬: 신학의 개요」, 303-336. 330.

Thomas Boston, 「웨스트민스터 소교리문답 해설 I」, 장호준 역 (서울: 부흥과개혁사, 2018), 901-908.

John Calvin,「칼빈의 신앙교육서」, 이형기 역(서울:크리스천 다이제스트, 2001), 42.

Calvin, *Institutes*, III.3.1.

Watson, *A Body of Divinity*, 153-155. 158. 159. 559. 149-194.

서창원, "칼빈주의와 청교도 신앙," 192.

Thomas Watson, *The Doctrine of Repentance* (1668), 3-4. 56. 113. 114.

Thomas Taylor, *Regula Vitae*, 113, 114.

Thomas Cole, *Repentance*, 117, 121.

Heinrich Bullinger, *The Decades of Henry Bullinger*, ed. Thomas Harding, 4 vols. (1849-1852); Grand Rapids: Reformation Heritage, 2004), 4.2 (3:100-102) ;John Calvin, *The Bondage and Liberation of the Will: A Defence of the Orthodox Doctrine of Human Choice against Pighius*, ed. A. N. S. Lane, trans. G. I. Davies (Grand Rapids: Baker, 1996), xxiv-xxvi, 211-212; Calvin, *Defensio Sanae et Orthodoxae Doctrinae de Servitute & Libratione Humani Arbitrii, adversus Calumnias Alberti Pighii Campensis* (Genevae: Ioannem Gerardum, 1543), 202-203. Downame, *The Christian Warfare*, 2. 31 (p. 192); Pemble, *Vindiciae Gratiae*, 19 ; Edward Kellett, *Miscellanies of Divinitie Divided into Three Books* (Cambridge: Printers to the University, 1633), 1. 8 (p. 192); Samuel Annesley, ed., *The Morning Exercisers at Cripplegate, St. Giles in the Fields, and in Southwark*, vol. 2 (London: Thomas Tegg, 1844), serm. 19 (p. 407); John Owen, *Pneumatologia; or, A Discourse concerning the Holy Spirit* (London: Nathaniel Ponder, 1674), 4.6.2, 31, 35 (pp. 411, 432, 435)

William Ames, *The Marrow of Theology*, ed., John D. Eusden (Grand Rapids: Baker, 1968), 157. (1. xxvi. 1. 3. 7) (1. xxvi. 8)

William Ames, *The Marrow of Theology*, 157. (1. xxvi. 8)

John Flavel, *The Method of Grace*, in *The Works of the Rev. Mr. John Flavel* (1820; 재판, Edinburgh: Banner of Truth Trust, 1997), 2:67.

Beeke and Jones, 「청교도 신학의 모든 것」, 589.

Blanchard, *The Complete Gathered Gold*, 115.

John Brinsley, *Three Links of the Golden Chain* (London: S. Griffin, 1659), 29.

Flavel, *The Method of Grace, in the Works*, 2:67.

Kevan, *The Grace of Law*, 208.

Turretin, *Institutes*, 17.3.1-16 참고.

Ryan M, Hurd, "Historical and Theological Studies, Dei Viā Regiā: The Westminster Divine Anthony Tuckney on The Necessity of Works for Salvation" *Westminster Theological Journal*, 81. (2019): 1-17.

Anthony Tuckney, *Praelectiones theologicae* (Amsterdam: Printed by Stephani Swart for Jonathan Robinson and George Wells, 1679), 228; Hurd, "Historical and Theological Studies, Dei Viā Regiā," 4.

Edward Leigh, *A Systeme or Body of Divinity* 7.6 (p.152) 참조, Peter Martyr Vermigli, *Predestination and Justification*, ed. and trans, Frank A. James III, The Peter

Martyr Library (Kirksville, MO: Truman State University Press, 2003), 144; Girolamo Zanchi, D*e Religione Christiana Fides-Confession of Christan Religion*, ed. Luca Baschera and Christian Moser, 2 vols. (Leiden: Brill, 2007), 21. 4 (pp. 362-363); Gulielmus Bucanus, *A Body of Divinity; or, Institutions of Christian Religion* (London: Daniel Pakeman, Abel Roper, and Richard Tomlins, 1659), loc. 31 (p. 381); Bucanus, *Institutiones Theologicae, seu Locorum Communium Christianae Religionis* (Geneva, 1625),31.38(p.325); Johannes Heinrich Alsted, *Synopsis Theologiae* (1627), 36 (p.83); William Ames, *The Marrow of Theology*, trans. John Dykstra Eusden (Grand Rapids: Baker, 1968), 29 (p.167); Ames, *A Sketch of the Christian's Catechism*, trans. Todd M. Rester (Grand Rapids: Reformation Heritage, 2008), LD 24 (p.121); Downame, *The Christian Warfare*, 2. 52(p. 275); Downame, *The Summe of Sacred Divinitie* (London: William Barret, 1620), 2.1 (p300); Joseph Hall, *NO Peace with Rome. Wherein Is Proved, That (as Termes Now Stand) There Can Be No Reconcilliation of the Reformed Religon with the Romish*, 7, in *The Works of Joseph Hall, B. of Norwich* (1617; London: Ed. Bruster, 1647), 615; Thomas Cartwright, *A Confutation of the Rhemists Translation, Glosses and Annotations on the New Testament* (Leiden: William Brewster, 1618), comm. Matt. 25 (p.120); Rennecher, Golden Chainen, 31(p.243); John Davenant, *A Treatise on Justification: or, the Disputatio de Justitia Habituali et Actuali*, trans, Josiah Allport, 2 vols. (London: Hamilton, Adams, and Co., 1846), 23 (1:170, 172); Turretin, *Institutes*, 17.2.12.

Fesko, 「역사적 신학적 맥락으로 읽는 웨스트민스터 신앙고백서」, 324.

Anthony Burgess, *The True Doctrine of Justification Asserted and Vindicated* (London, 1647), lect. 20, 172.

Ussher, *Body of Divinitie*, 202.

John Owen, 「칭의론」, 박홍규 역 (서울: 처음과 나중, 2020), 129.

Joel R. Beeke and Paul M. Smalley, 「은혜로 말미암은 준비」, 마르투스 선교회 출판부 역 (인천; 마르투스, 2018), 116.

Beeke and Smalley, 「은혜로 말미암은 준비」, 121.

5장. 마음 밭에 의로움의 씨를 뿌리기 위해

John Valero Fesko, 「역사적 신학적 맥락으로 읽는 웨스트민스터 신앙고백서」,

신윤수 역 (서울: 부흥과개혁사, 2018), 323. 328. 329. 330. 331. 334. 336.337-338.

Edward Leigh, *A Systeme or Body of Divinity : Consisting of Ten Books* (London: William Lee, 1654), 7:2, 489; Fesko, 「역사적 신학적 맥락으로 읽는 웨스트민스터 신앙고백서」, 324. 327.

Edward Leigh, *A Systeme or Body of Divinity : Consisting of Ten Books*, 7:6, 510. 512.530.

웨스트민스터 신앙고백에 스콜라적인 언어를 포함하는 것에 반대한 에드워드 레이놀즈의 논평을 보라(*MPWA*, sess. 520, October 20, 1646 [3:690]).

Samuel Rutherford, *The Covenant of Life Opened; or, A Treatise of the Covenant of Grace* (Edinburgh: Robert Brown, 1654), 2:9, 323.

참조, Peter Lombard, *The Sentences*, trans. Guilio Silano (Toronto: PIMS, 2007-2010), 2.27.1.

Aristotle, *The Nicomachean Ethics*, trans, H. Rackham, Loeb Classical Library (1926: Cambridge: Harvard University Press, 1968), 2.1.1-4

Wisse,"*Habitus Fidei*," 175.

Muller, *Post Reformation Reformed Dogmatics*, 1:211, 286; Turretin, *Institutes*, 1.6.4

DLGTT, s.v. *habitus fidei* (p.134)

Thomas Hooker, *The Soules Exaltation. A Treatise Containing the Soules Union with Christ, on 1 Cor. 6:17, the Soules Benefit from Union with Christ, on 1 Cor. 1L30, the Soules Justification, on 2 Cor. 5:21* (London: Andrew Crooke, 1638), 113; 또한 Hooker, *The Covenant of Grace Opened* (London: G. Dawson, 1649), 71.

Andrew Willet, Hexapla; *That Is, a Six-Fold Commentarie upon the Most Divine Epistle of the Holy Apostle S. Paul to the Romanes* (Camvridge: Leonard Greene, 1620). 283.

Leigh, *Body of Divinity*, 7.10, 530.

Richard Baxter, *A Treatise of Conversion, Preached and Now Published for the Use of Those That Are Strangers to a True Conversion, Especially the Grossly Ignorant and Ungodly* (London: Nevill Simmons, 1658), 1. 3 (p. 6-7)

참조, Pemble, *Vindiciae Gratiae*, 20-21.

Thomas Vincent, *An Explicatory Catechism; or, An Explanation of the Assemblies Shorter Catechism* (London: Thomas Parkhurst, 1673), 35. 6 p. 106

William Bridge, "The Spiritual Life," in *The Works of the Rev. William Bridge*, 5 vols.

(London: Thomas Tegg, 1845), serm. 4 (1:373).

Jonathan Edwards, "Controversies": Justification, in *WJE*, 21, 365. 371. 344.

John Murray, *Redemption Accomplished and Applied* (The Banner of Truth Trust, 1961), 7.

Murray, *Redemption Accomplished and Applied*, 80.

Louis Berkhof, 「조직신학」 권수경, 이상원 역(서울:크리스챤 다이제스트, 1991), 660.

Richard A. Muller, *Calvin of Salvation* (Grand Rapids: Baker, 2012), 202-203 위키백과 https://ko.wikipedia.org/ 아우구스부르크 신앙고백서.

KONKORDIENFORMEL III; 권호덕, "세분화한 '구원의 서정'에 대한 비판적 고찰," 「한국개혁신학」, 20/2006. 285. (275-310)

Richard Muller, *Calvin and the Reformed Tradition* (Grand Rapids: Baker, 2012), 6-7 참조.

우르시누스의 대요리문답서 질문 143번이며, 소요리문답서에서는 74번이 회심을 다룬다.

Zacharias Ursinus, *A Commentary on the Heidelberg Catechism* (Columbus: Scott and Bascom, 1851), 467 : 김홍만, "하이델베르크 요리문답서와 웨스트민스터 소요리문답서의 비교 회심과 성화 용어를 중심으로," 「한국개혁신학」, 40. (2013), 13 (8-39) 라틴어의 regeneratio, renovatio, resipiscentiam, conversio, poenitentia 단어들이 같은 것을 표현하는 것.

Ursinus, *A Commentary on the Heidelberg Catechism*, 469. 470. 471.473.474.

https://bkpres.org/제2의헬베틱 신앙고백서

Heinrich Bullinger, *Das Zweite Helvetische Bekemmtnis* (1566) (Confessio Helvetica Posterior) :권호덕, "세분화한 구원의 서정에 대한 비판적 고찰," 289-290.

Philip Schaff(ed) *The Creed of Christendom with a History and Critical Notes* Vol. 3 (Grand Rapids: Baker Books, 1983), 589f. 도르트 신경 제3-4장 10절.

L. Berkhof, *Systematic Theology* (Grand Rapids: Eerdmans, 1976), 455.

Robert Letham, 「웨스트민스터 총회의 역사」, 권태경. 채천석 역(서울: 개혁주의신학사, 2014), 417.

김홍만, "웨스트민스터 신앙고백서의 역사적 배경과 신학적 특징들," (웨스트민스터 신앙고백의 영성과 한국교회, 기독교학술원, 제38회 월례발표회, 2014. 6.20).

Louis Berkhof, *Systematic Theology* (Grands Rapids: Ecdmans, 1976), 417.

Berkhof, *Systematic Theology*, 417.

Calvin, *The Geneva Catechism*, 18.
Calvin, *Institutes*, III.1. III.2.III.3.1.III.3.3. III.11.6-8.칼빈은 기독교강요에서 회개(267회), 중생(148회0, 성화(137회), 회심(87회)사용된 것으로 나타난다. ; 유창영, 「칼빈의 성화론」, 57회 참조.
John Calvin, *Commentaries on the Epistle of Paul the Apostle to The Romans* (Grand Rapids: Eerdmans, 1948), 319 ff.
권호덕, "세분화한 구원의 서정에 대한 비판적 고찰," 297.
Watson, *A Body of Divinity*, 153.155.159.161.167.174.181.
Leigh, *A Systeme or Body of Divinity* 7.10. (p.530)

6장. 의로움과 거룩함은 율법 그리고 복음과 함께 한다

로마서 8:15. 너희가 다시 무서워하는 종의 영을 받지 아니하고 양자의 영을 받았으므로 우리가 아빠 아버지라고 부르짖느니라.
Stephen Charnock, *Attributes*, 1682, in *Works*, I. 192, 199; Kevan, 「율법, 그 황홀한 은혜」, 52.
웨스트민스터 대교리문답 77번.
E. Brunner. *Divine Imperative* (1937), 99-101, 594.
Kevan, 「율법, 그 황홀한 은혜」, 39.
Corpus Reformatorum Vol. XXI, post Carol. Gottl. *Bretschneiderum*, ed. *Henricus Ernestus Bindseil* (Minerva : Frankfurt am Main, 1854), 405, 716
Melanchthon, *CR Mel*. 21, 40; 권호덕, 「율법의 세 가지 용도와 그 사회
Melanchthon, *CR* 21, 719.
Melanchthon, *Melanchthon on the Christian Doctrine*, 127.
Martin Luther, Werke. Kritische Gesamtausgabe, Weimar 1883ff. 40/1, 479. *WA*로 통칭함.
Luther, *WA 40/I*, 480, 32.
Calvin, *Institutes*, II.7.6.(3).
Macleod, D., Livinf the Christian Life..., 6.
John White, *A Way to the Tree of Life Discovered in Sundry Directions for the Profitable Reading of the Scriptures* (London: Printed by M. F. for R. Royston, 1647), 199; Stephen J. Casselli, 「웨스트민스터 총회의 율법과 복음」, 157.

Francis Roberts, *Mysterium and Medulla Bibliorum*, 661; 「웨스트민스터 총회의 율법과 복음」, 157.

Walker, *Vindiciae Legis*, 164; Casselli, 「웨스트민스터 총회의 율법과 복음」, 157.

Quoted in Paul Althaus, *The Theology of Martin Luther* (Philadelphia: Fortress Press, 1966), 252 ;Casselli, 「웨스트민스터 총회의 율법과 복음」, 98.99

데이비드 클라크슨(David Clarkson)은 인간이 도덕적으로 다스려질 수 있는 것은 인간이 이성적 피조물이기 때문임을 지적한다. Richard Baxter, *Life of Faith*, 1670, 378.*Justification*, 1675, in *Works*, I. 282.

Natural Law, 23; 참조 Joseph Dalby, *Law of Nature* (1943), 49; Kevan, 「율법, 그 황홀한 은혜」, 64.

Spiritual Refining, 'Of Grace and Assurance,'334; Kevan, 「율법, 그 황홀한 은혜」, 65.

Watson, *A Body of Divinity*, 54-62. 63-66.230.

Luther, *WA* 39, 374, 454, 478,539, 540. *WA* 17, 102. *WA* 39, 352, 402.

Luther, *WA* 2, 580; *LW* 27, 355; Luther's lectures on Romans, *WA* 56, 197; *LCC* 15, 46.

Richard Baxter, *Catholick Theologie*, Book II. 30.

Ralph Venning, *Sin, the Plague of Plagues*, 3.

Thomas Manton, *Hundred and Nineteenth Psalm*, II. 308.

Thomas Manton, *The Marrow*, 146.

The Trial and Triumph of Faith (Edinburgh: William Collins, 1845), 102; Samuel Rutherford in Catechisms of the Second Refomation, ed. Alexander F. Mitchell (London: James Nisbet, 1886), 226.

Samuel Crooke, *The Guide unto True Blessedness* (London, 1614), 로마서 8;15.

Robert Bolton, *Afflicted Consciences*, 337.

Richard Sibbes, *Witness of Salvation*, 1629, in *Works*, VII. 371.

Jeremiah Burroughs, *Evil of Evils*, 409 ; *Saints Treasury*, 97.

Simon Ford, *Spirit of Bondage and Adoption*, 7.

Samuel Rutherford, *Triumph of Faith*, 1645, 105.

John Dod 와 Robert Cleaver, *Ten Commaundements* (1603), 8,9.

Luther, *WA* 46, 658, 661; *LW* 22, 140, 143; Paul Althaus, 「마르틴 루터의 신학」, 282.

R.Schwarz, *Martin Luther: Lehrer der christlichen Religion* (Tubingen: Mohr Siebeck, 2016), 121

R. Schwarz, *Martin Luther: Lehrer der christlichen Religion*, 121.

Beeke, 「개혁주의 청교도 영성」, 207.

Leon Morris, *The Apostolic Preaching of the Cross*, 3판 편집 (Grand Rapids: Eerdmans, 1965), 253; Beeke and Jones, 「청교도 신학의 모든 것」, 641.

Beeke and Jones, 「청교도 신학의 모든 것」, 641.

Watson, *A Body of Divinity*, 23.

Thomas Cartwright, *A Commentary upon the Epistle of St Paul Written to the Colossian* (Edinburgh: James Nichols, 1864), 39.

William Perkins,"The Foundation of Christian Religion: Gathered into Sixe Principles,"*A Golden Chaine : or, The Description of Theologie* (London: John Legat, 1600), 1038-1039.

William Hinde, *Office and Use of the Morall Law* (1622), 16.

Roberts, *God's Covenants*, 691-692. 695-697.

James Durham, *A Practical Exposition of the Ten Commandment*, ed. Christopher Coldwell (Dallas, Tex: Naphtali Press, 2002), 51. (원래는 *The Law Unsealed*)

Sinclair B. Ferguson, "Preaching the Law of God-Reformers and Puritans," *Puritans and Spiritual Life* (Mirfield, U.K: Westminster Conference, 2001), 20.

Watson, *A Body of Divinity*, 230.

Luther, *WA* 2, 466 ; LW 27, 184. "복음에 대한 적절한 정의는 그것이 그리스도의 약속이라는 것인데, 이 그리스도는 우리를 율법의 공포와 죄와 죽음으로부터 자유롭게 하고 은혜와 죄의 용서와 의의 영생을 가져온다." *WA* 39, 387, Cf. *WA* 46, 665; *LW* 22, 145; Paul Althaus, 「마르틴 루터의 신학」, 285.

Luther, *WA* 39, 566; Paul Althaus, 「마르틴 루터의 신학」, 287.

Calvin, *Institutes*, Ⅱ.10.1: Ⅱ.11.4: Ⅱ.11.7: Ⅱ.11.9.

Peter A. Lillback, 「칼빈의 언약 사상」, (서울: CLC, 2009), 230.

장헌민, "약속과 보존; 존 오웬의 모세 언약론 연구 Promise and Preservation: A study on John Owen's Doctrine of the Mosaic Covenant" (역사신학 박사학위, 아세아연합신학대학원, 2014.), 34.

Watson, *A Body of Divinity*, 253.

John Flavel, *Vindiciae Legis & Foederis*, 35.

John Ball, *Covenant of Grace*, 115, 116; 참조 William Strong, *The Two Covenants*, 29.

Flavel, *Vindiciae Legis & Foederis*, 224.
Edward Elton, *Treatise:* "Complaint of a Sanctifyed Sinner," 62.
Samuel Bolton, *True Bounds,* 160, 161.
W. Adams Brown, Aricle "Puritanism," *ERE*, X. 512.
Bolton, *True Bounds,* 101; Beeke and Jones, 「청교도 신학의 모든 것」, 655.
Jeremiah Burroughs, *Gospel Conversation,* ed., Don Kistler (Orlando, Fla: Soli Deo Glora, 1995), 95.
Burroughs, *Gospel Conversation,* 95 ;Beeke and Jones, 「청교도 신학의 모든 것」, 655.
Burroughs, *Gospel Conversation*, 96-97.
Watson, *A Body of Divinity*, 342. 92. 232. 253.
Stephen Hampton, "Richard Holdsworth and the antinomian controversy" *The Journal of Theological Studies* new series, 62 (2011), 219.
Hampton, "Richard Holdsworth and the antinomian controversy," 224. 227. 230. 218. 231-232.233-235. 237-238.
Watson, *A Body of Divinity*, 22. 23. 60
참조: 베드로후서 1:4.
베드로전서 1:15.
Watson, *A Body of Divinity*, 131.
예레미야 4:3 "여호와께서 유다와 예루살렘 사람에게 이와 같이 이르노라, 너희 묵은 땅을 갈고 가시덤불에 파종하지 말라."
Watson, *A Body of Divinity*, 155. 559. 230. 225.

7장. 거룩하게 살기 위한 방법적 제안

Hampton, "Richard Holdsworth and the antinomian controversy," 237-238.
홀즈워스와 왓슨의 논쟁, 65.
Stephen Charnock, *Discourse on the existence and attributes of God,* (London, 1682), in *Works*, I. 192, 199.
Thomas Taylor, *Regula Vitae*, 233; 참조 Jeremiah Burroughs, *Saints Treasury* (1654), 89, 90.
Anthony Burges, *Justification*, 1655, Part II . 379; 참조 John Barret, *Treatise of the*

Covenants (1675), 242.
John Barret, *Treatise of the Covenants* (1675), 242. 16.
John Preston, *New Covenants*, 288.
Richard Greenham, *Of Good Workes and our obedience to the word* (London, 1655), 240.
Thomas Taylor, *Circumspect Walking* (1631), 149.
Taylor, *Circumspect Walking*, 158.
Samuel Bolton, *Sin*, 25.
Robert Bolton, *Afflicted Consciences*, 79.
Ralph Venning, *Sin, the Plague of Plagues: or, sonful sin the worst of evils* (London, 1669), 11, 14.
Thomas Manton, *Hundred and Nineteenth Psalm* (1681), I. 37. 179.
Thomas Goodwin, *Mediator* (1692), in *Works*, V. 93, 94.
John Owen, *Indwelling Sin* (1668), in *Works*, VI. 182, 189.
John Owen, *Holy Spirit* (1674), in *Workes*, III. 610; 참조 John Barret, *Treatise of the Covenants*, 70, 71.
Kevan,「율법, 그 황홀한 은혜」, 55.
Calvin,「칼빈의 신앙교육서」, 34.
Watson, *A Body of Divinity*, 60. 103.
John Ball, *Power of Godliness*, 1.
John Barret, *Treatise of the Covenants*, 16, 19.
David Clarkson, *Justification*, in *Works*, I. 297; *The Lord Rules over all* (1696), in *Works*, II , 487; Richard Baxter, *End of Doctrinal Controversies*, 298.
Watson, *A Body of Divinity*, 252.
Stephen Charnock, *Efficient of Regeneration* (1683), in *Works*, III. 225.
Richard Baxter, *Catholick Theologie*, Book I. Part 1, 77.
John Preston, *New Covenant*, 103.
로마서 7:8 참조. Edward Elton, *Treatises*: "Complaint of a Sanctifyed Sinner," 78, 84, 85.
Thomas Manton, *Thessalonians*, in *Works*, III. 142.
George Hughes, *Dry Rod Blooming* (1644), 103.
창세기 1:27.
William Perkins, *Golden Chaine*, 12, 13.

Anthony Burgess, *Vindiciae Legis*, 4.
Thomas Wilson, *Romanes*, 220.
Burgess, *Spiritual Refining*, "Of Grace and Assrance," 94, 95.
Watson, *A Body of Divinity*, 221. 222. 223. 224. 225.
Lewis Bayly. 「경건」, (서울: 생명의말씀사, 2012).
Watson, 「경건을 열망하라」, (서울: 생명의말씀사, 2018), 4.9-13.29-35. 35-38. 39-41.41-43.43-46.46-53. 53-60.61-63.63-79.80-83.83-85.85-95.96-108.109-115,123-130.
131-143.144-151.155-164.164-177. 177-183.193-197. 203- 242.289-293.
John Barret, *Treatise of the Covenants* (1675), 242.

9장. 왓슨의 생애와 사상

S. Bryn Roberts, *Puritanism and the Pursuit of Happiness: The Ministry and Theology of Ralph Venning, c.1621-1674* (Woodbridge: Boydell Press, 2015), 25.
Roberts, *Puritanism and the Pursuit of Happiness*, 25-26.27.28.32.
Sarah Bendall 외, *A History of Emmanuel College*, Cambridge,- Patrick Collinson"Pulitan Emmanuel"(Woodbridge: Boydell Press,1999), 187-188.
William Haller,「청교도주의의 부상」, 1938.
Sarah Bendall 외, *A History of Emmanuel College*, 188.189.192.190
Joel R. Beeke and Randall J. Pederson,「청교도를 만나다」, 이상웅, 이현상 역. (서울: 부흥과개혁사, 2010), 524. 252.
Watson, *A Body of Divinity*, 112.
John Calvin, *Institutes of the Christian Religion*, 1559, II.15.2
Calvin, *Institutes*, II.15.2.
Watson, *A Body of Divinity*, 115-116. 117. 120. 121.124-127. 130. 131-132.
Calvin, *Institutes*, II.15.6. II.15.4.
Beeke and Pederson, 「청교도를 만나다」, 527. 531.526.529.
Thomas Watson,「팔복 해설」, 라형택 역, (서울: CLC, 1990).
Thomas Watson, *Autarkeia, The Art of Divine Contentment,* (London: printed by T.M. for Ralph Smith, 1653).
Thomas Watson,「천국을 침노하라」, 조계광 역, Don Kistler 편 (서울:

생명의말씀사, 2014).

Thomas Watson, *All Things For Good*. 1663. 원래는 The Divine Cordial이라는 제목으로 설교 되었다.

Thomas Watson, *The Godly Man's Picture*. 1666; Beeke and Pederson, 「청교도를 만나다」, 528.

Thomas Watson, *The Great Gain of Godliness* 1681 다른 제목으로는, *Religion Our True Interest*. *The Doctrine of Repentance*, 1668; Thomas Watson, 「회개」, 강현민 역(서울: 컴파스북스, 2018).

Thomas Watson, *The Saint's Spiritual Delight, and a Christian on the Mount*, 1657.

참고 문헌

1. 국문 서적

김동춘 외. 「칭의와 정의」. 서울: 새물결플러스, 2017.
김세윤.「칭의와 성화」. 서울: 두란노, 2013.
김영재.「기독교 교회사」. 수원: 합동신학대학원출판부, 2005.
김용주.「칭의, 루터에게 묻다」. 서울: 좋은씨앗. 2017.
노병기.「거룩한 칭의」. 서울: 예영커뮤니케이션. 2015.
박영호.「청교도 실천신학」. 서울: CLC, 2002.
박앤드류. 「은혜, 믿음, 그리고 구원」. 서울: 쿰란출판사. 2011.
서재주.「"그리스도의 은혜의 유익"의 관점에서 본 칼빈의 구원론」. 서울: 도서출판 기쁜날, 2010.
서창원.「청교도 신학과 신앙」. 서울: 지평서원, 2013.
오덕교.「청교도 이야기」. 서울: 이레서원, 2002.
원종천. 「성화의 부진과 칭의의 고민」. 용인: 킹덤북스, 2017.
이한수.「언약 신학에서 본 복음과 율법」. 서울: 생명의말씀사, 2003.
원종천.「청교도 언약사상: 개혁운동의 힘」. 서울: 대한기독교서회, 1998.
------.「칼빈과 청교도 영성」. 서울: 도서출판 하나, 1994.
장종현.「개혁주의생명신학으로 바라본 웨스트민스터 소요리문답강해 」. 서울: UCN, 2015.
------.「백석학원의 설립정신」. 천안: 백석정신아카데미, 2014.
------.「웨스트민스터 신앙고백서 강해」. 서울: 백석출판사, 2001.
조병하.「교부들의 신학사상」. 서울: 도서출판 그리심, 2005.
------.「교부들의 신학사상(Ⅱ)」. 서울: 도서출판 그리심, 2015.
------. 「세계 역사속의 그리스도교 역사」. 서울: 대서, 2016.
주도홍.「개혁교회 경건주의」. 서울: 대서, 2011.
------.「새로 쓴 세계교회사」. 서울: 개혁주의신행협회. 2006.
정준모.「칼빈의 교리교육론」. 서울: 한들출판사, 2004.
최갑종.「칭의란 무엇인가」. 서울: 새물결플러스, 2016.
한철하.「21세기 인류의 살길」. 서울: 칼빈아카데미, 2011.
한철하, 「고대 기독교 사상」, 서울: 대한기독교서회. 2001.

황승룡. 「통전적 관점으로 본 그리스도론」.
서울: 한국장로출판사. 2001.

2. 국역 서적

Alleine, Joseph. 「돌이켜 회개하라」. 이용복 역. 서울: 규장, 2008.
------. 「천국에 이르는 길」. 김태곤 역. 서울: 생명의말씀사, 2013.
Althaus, Paul. 「마르틴 루터의 신학」. 이형기 역.
파주: 크리스천다이제스트, 2017.
Ames, William. 「신학의 정수」. 서원모 역. 서울: 크리스천다이제스트, 2000.
Augustinus. 「하나님의 도성」. 조호연⋅김종흡 역. 서울: 크리스천다이제스트, 1998.
Bayly, Lewis. 「그리스도의 모습을 닮아가는 경건의 훈련」. 안보헌·조계광 역. 서울: 생명의말씀사, 2002.
Berkhof, Louis. 「벌코프 조직신학 하」. 권수경⋅이상원 역. 서울: 크리스천다이제트, 1991.
Beeke, Joel R. 「개혁주의 청교도 영성」. 김귀탁 역. 서울: 부흥과개혁사, 2009.
Beeke, Joel R. & Smalley Paul M. 「은혜로 말미암은 준비」. 인천: 마르투스, 2018.
Beeke, Joel R. & Mark Jones. 「청교도 신학의 모든 것」. 김귀탁 역. 서울: 부흥과개혁사, 2015.
Beeke, Joel R. & Randall J. Pederson. 「청교도를 만나다」.
이상웅·이한상 역. 서울: 부흥과개혁사, 2010.
Buchanan James. 「칭의 교리의 진수」. 신호섭 역. 서울: 지평서원. 2014.
Calvin, John. 「기독교강요〔초판〕」. 문병호 역. 서울: 생명의말씀사, 2009.
------. 「기독교강요 (상)」원광연 역. 서울: 크리스챤다이제스트, 2004.
------. 「칼빈의 십계명 강해」. 김광남 역. 고양: 비전북, 2011.
------. 「요한네스 칼빈의 제네바 교회의 교리문답」. 박위근 · 조영석 역. 서울: 한들출판사, 2010.
------. 「칼빈의 신앙교육서」. 이형기 역. 서울: 크리스천다이제스트, 2001.
Carden, Allen. 「청교도 정신」. 박영호 역. 서울: 기독교문서선교회, 1984.
Casselli Stephen J. 「웨스트민스터 총회의 율법과 복음 : 앤서니 버지스의 언약신학과 율법과 복음의 관계」.
황의무 역. 서울: CLC, 2018.
D. M. Lloyd-Jones. 「청교도 신앙과 그 계승자들」. 서울: 생명의말씀사, 2002.

Edwards Jonathan. 「이신칭의」. 정부흥 역. 서울: 그리심, 2019.
Ferguson, Sinclair B 외.「그리스도의 칭의론」. K. Soctt Oliphint 편집 . 조영천 역. 서울: CLC, 2017.
Fesko, John Valer.「역사적, 신학적 맥락으로 읽는 웨스트민스터신앙고백서」. 신윤수 역. 서울: 부흥과개혁사, 2018.
Flavel, John.「은혜의 방식」. 서문강 역. 서울: 청교도신앙사, 2011.
Hagglund, Bengt. 「신학사」. 박희석 역. 서울: 성광문화사. 1997.
Horton Michael S. 외. 「칭의논쟁」. 문현인 역. 서울: 새물결플러스. 2016.
Heron, James. 「청교도 역사」. 박영호 역. 서울: CLC. 2015.
Jose Moralez. 「창조론」. 서울: 카톨릭출판사, 2015.
Justo L. Gonzalez. 「기독교 사상사」. 김종희 역.
서울: 기녹교분서선교회. 2004.
Kapic, Kelly M., & Randall C. Gleason.「청교도 고전으로의 초대」. 김귀탁 역. 서울: 부흥과개혁사, 2009.
Kelly, John Norman Davidson. 「고대기독교 교리사」,.박희석 역. 고양: 크리스챤다이제스트, 2014.
Kevan, Ernest F.「율법, 그 황홀한 은혜」. 임원택 역. 서울: 수풀, 2006.
Krusche, Werner.「칼빈의 성령론」. 정일권 역. 고신대학교 개혁주의학술원. 2017.
Lillback, Peter A.「칼빈의 언약 사상」. 원종천 역. 서울: CLC, 2009.
Letham, Robert.「웨스트민스터 총회의 역사 1」. 권태경 · 채천석 역.
서울: 개혁주의 신학사, 2014.
Luther, Martin.「루터 선집 9」. 지원용 역. 서울: 컨콜디아사, 1983.
McGrath, Alister.「종교개혁사상」. 최재건 역. 서울: 기독교문서선교회, 2006.
McGrath, Alister. 「이신칭의」, 김성웅 역. 서울: 생명의 말씀사, 2019.
Mondin, Battista 「신학사 3, 근대편」, 윤주현 역. 서울: 카톨릭출판사, 2018.
Muller, Richard A. & Ward Rowland S.「웨스트민스터 총회의 실천 : 성경해석과 예배 모범 3」. 곽계일 역. 서울: 개혁주의신학사, 2014.
Noll, Mark A.「미국 캐나다 기독교 역사」. 최재건 역.
서울: CLC, 2005.
Origen. 「원리론」. 이성효. 이형우. 최원오. 하성수 역. 서울: 아카넷, 2014.
Owen, John. 「칭의론」.박홍규 역. 서울: 처음과 나중, 2020.
Packer, James I.「십계명」. 김진웅 역. 서울: 아바서원, 2013.
------.「청교도 사상」. 박영호 역. 서울: 기독교문서선교회, 2001.

------.「느헤미야의 지혜: 신앙의 열정」. 강철성 역. 서울: CLC, 1997.
Perkins, William.「주기도 해설」. 김영호 역. 수원: 합동신학대학원출판사, 2018.
------.「황금사슬: 신학의 개요」. 김지훈 역. 용인: 킹덤북스, 2016.
Piper, John.「칭의논쟁」. 서울: 부흥과개혁사, 2009.
Preston, John.「황금홀」. 홍상은 역. 서울: 지평서원, 2005.
Ritter, A. M.「고대 그리스도교의 역사」. 조병하 역. 서울: 기독교문사, 2003.
Ryken, Leland.「청교도- 이 세상의 성자들」. 김성웅 역. 서울: 생명의말씀사, 2009.
Sedgwick, Obadiah.「은밀한 죄와 거룩」. 박현덕 역. 서울: 지평서원, 2001.
Selvaggio, Anthony T.「웨스트민스터 총회의 유산 2: 단 번에 주신 믿음」. 김은득 역. 서울: 개혁주의신학사, 2014. Turretin Francis.「칭의」. 박문재 역. 서울: 솔로문, 2018.
Ursinus, Zacharius.「하이델베르크 요리문답해설」. 원광연 역. 서울: 크리스천다이제스트, 2006.
Waters Guy.「칭의란 무엇인가」. 신호섭 역. 서울: 부흥과개혁사, 2014.
Walkington Arthur.「이신칭의」. 임원주 역. 서울: 누가출판사. 2013.
Watson, Thomas.「거룩한 두려움」. 정시용. 프리스브러리, 2017. www. prisbrary. com 2019. 5.30.
------.「거룩한 열정」. 문석호 역. 서울: 솔로몬, 2014.
------.「경건을 열망하라」편집부 역. 서울: 생명의말씀사, 1999.
------.「고난의 참된 의미」임세일 역. 서울: 목회자료사, 1992.
------.「묵상의 산에 오르라」. Don Kistler 편집. 조계광 역. 서울: 생명의말씀사, 2013.
------.「십계명 해설」. 이기양 역. 서울: 지평서원, 2010.
------.「신학의 체계」. 이훈영 역. 서울: 크리스천다이제스트,1998. ------.「자족하는 법」. 정시용. 프리스브러리. 2017. www. prisbrary. com 2019.
------.「팔복해설」. 라형택 역. 서울: 기독교문서선교회, 1995.
------.「하나님을 경외하는 사람」. 조계광 역. 서울: 규장, 1998.
------.「회심」. 강현민 역. 서울: 컴파스북스, 2018.
Williston Walker,「세계 기독교회사」. 송인설 역. 고양: 크리스천다이제스트, 1993.
웨스트민스터 총회.「1648 웨스트민스터 소교리문답」. 권율 역. 서울: 세움북스, 2018.

3. 원서

Como, David R. *Brown By The Spirt: Puritanism and the Emergence of the an Antinomian Underground in Pre- Civil- War England.* California: Stanford University, 2004.

Dick John A. R. & Richardson, Anne ed. *William Tyndale and the Law.* Kirksville: Sixteenth Century Journal, 1994.

Ferguson, Sinclair B. "Preaching the Law of God-Reformers and Puritans," *Puritans and Spiritual Life.* Mirfield, U. K,: Westminster Conference, 2001.

Gamble, Whitney G. *Christ and the Law: Antinomianism at the Westminster Assembly.* Grand Rapids, Michigan: Reformation Heritage Book, 2018.

Hill, Christopher. *The World Turned Upside Down.* London, secker & Warburg, 1993.

------. *Society and Puritanism in Pre-Revolutionary England.* London: secker & Warburg, 1964.

Hopper, Stanley Romaine. "The Anti-Manichean Writings," Roy W. Battenhouse, ed. A Companion to the Study of St. Augustine. New York: Oxford University Press, 1956.

Joel R. Beeke and Mark Jones, *A Puritan Theology: Doctrine for Life.* Grand Rapid, Michigan: Reformation Heritage Books, 2012.

Justo L. Gonzalez. A History of Christian Thought. Nashville: Abingdon, 1970-1975. 3 vols., rev. ed., 1987.

Kenneth F. Yossa, "The Challenge of Modern Inter-Orthodox Rapprochement and Reconciliation." Unpublished Ph. D. Dissertation, Marquette University, 2006.

Leith. John H. *John Calvin's Doctrine of the christian life.* Louisville: Westminster/ John knox Press, 1989.

Muller, Richard. *After Calvin: Studies in the Development of a Theological Tradition,* New York: Oxford University Press, 2003.

Nuttall, Geoffery F. *The Holy Spirit in Puritan Faith and Experience,* 2nd ed. London: University of Chicago Press, 1992.

Richard Muller and Rowland S. Ward 편집, *Scripture and Worship Biblical.* P & R Publishing, 2007.

Roberts S. Bryn. *Puritanism and the Pursuit of Happiness: The Ministry and Theology of Ralph Venning, c.1621-1674* Woodbridge: Boydell Press, 2015.

Sarah Bendall 외. *A History of Emmanuel College.* "Pulitan Emmanuel"

Woodbridge: Boydell Press, 1999.

Trueman, Carl. *John Owen: Reformed Catholic, Renaissance Man*, Idershot: Ashgate, 2007.

Lim, Won Taek. *The Covenant Theology of Francis Roberts*, Chungnam: King & Kingdom, 2002.

Wallace, Ronald S. *Calvin's Doctrine of the christian life*. Edinburgh: Oliver & Boyd, 1959.

Winship, Michael p. *The Times & Trials of Anne Hutchinson- Puritans Divided*. Kansas: University Press of Kansas, 2005.

Watson, Thomas. *Body of Practical Divinity*. Memphis, TN: Bottom of the Hill Publishing, 2012.

------. *The Lord's Prayer*. Memphis, TN: Bottom of the Hill Publishing, 2012.

------. *The Ten Commandments*. London: The Banner of Truth Trust, 1970.

------. *Thomas Watson Poems*. Edited by Edward Arber. London: Constable and Company Ltd. 1910.

------. *All Things For Good*. Middletown, De: The Religious Tract Society, 1846.

-------. *Puritan Gems; or wise and Holy Sayings*. Edited by John Abey 1850. Lavergen, TN: GLH Publishing, edition 2013.

------. *The Saint's Spiritual Delight and a Christian on the Mount*. by Watson. 1657. Prescort, CW. Printed at the EVANGELIZER" 1862. London: FB & Ltd, 2018.

-------. *The Mischief of sin*. by Watson 1671. Edited by Vasile Lazar. Liliacului: Magna Gratia, 2017.

-------. *The Great Gain of Godliness*. by Watson 1681. Lavergen TN: First rate punlishers, edition 2013.

-------. *The Beatitudes*: An Exposition of Matthew 5:1-12. Lavergen, TN: First rate punlishers, edition 2013.

-------. *The Doctrine of Repentance*. by Watson 1668.

-------. *The Christian Soldier*. Lavergen, TN: Reformed Church Publications, 2009.

-------. *The Art of Divine Contentment*. Edited by Vasile Lazar. Liliacului: Magna Gratia, 2017.

-------. *Blessed Are The Merciful For They Shall Be Shown Mercy*. Lavergen, TN: Classic Domain Publishing, 2015.

-------. *The Bible And The Closet or How We May Read The Scriptures With The*

Most Spiritual Profit: And Secret Prayer Successfully Mangbed(1842). Secret Prayer Successfully Managed, by Rev. Samuel Lee; Miniaters Ejected in 1882. Edited by John Overton Choules, with a recommendatory Letter from Rev. e. n. Kirk. Boston: Gould, kendall & Lincoly. 1882.

-------. *Kirkintilloch : Town and Parish*. Glasgow: John Smith and son, 1894.

-------. *A Body of Divinity Contained in Sermons upon The Asssembly's Catechism*. Edited the Rev. George Rogers. London: Passmore & Alabaster, 1881.

4. 학위 논문

Williams, Carol. "the Decree of Redemption is in Effect a Covenant: David Dickson and the Covenant of Redemption"
Ph. D. Calvin Theology Seminary, 2005.

김종희. "칼빈의 삼위일체적 예정론." 연세대학교 박사학위 논문, 2001.
류연석. "그리스도인 성화의 지침으로서 십계명 이해 : 윌리엄 에임스, 사무엘 러더포드, 토마스 왓슨의 십계명 이해를 중심으로" Ph. D. 학위논문. 백석대학교 기독교전문대학원. 2016.
이상준. "네스토리우스와 알렉산드리아의 시릴의 기독록 논쟁 연구" Ph. D. 학위논문. 칼빈대학교대학원. 2013.
장헌민. "약속과 보존; 존 오웬의 모세 언약론 연구" Ph. D. 학위논문. 아세아연합신학대학원. 2014.
한유진. "웨스트민스터 표준서 이전의 청교도 교리문답신학 연구 –1570년대~1640년대 교리문답을 중심으로"
Ph. D. 학위논문. 백석대학교 기독교전문대학원. 2015.
황기식. "청교도의 거룩한 삶의 실천" Ph. D. 학위논문. 평택대학교 신학전문대학원. 2005.

5. 학술지 소논문

Brown, W. Adams. Aricle "Puritanism," *ERE*, X. 512.

Hurd, Ryan M. "Historical and Theological Studies, Dei Viā Regiā: The Westminster Divine Anthony Tuckney on The Necessity of Works for Salvation" *WTJ* 81. 2019

James, M. Robinson. "The Nag Hammadi Library and the Study of the New Testament" The Testament and Gnosis, A. H. B. Logan and A. J. M., Wedderburn, eds. London: T&T Clark International, 2004. 1-18.

Wood, H. G. Article "Puritanism," 1918. ERE, Ⅹ.

김종희. "칼빈의 섭리론과 예정론의 관계."「성경과 신학」80(2016): 133-158.

김진섭. "'토라''613계명'(타르야그 미쯔보트)의 현대적 의미 = The Contemporary Significance of the 613 (Taryag) Mitzvot of Torah."「인성과 쉐마」 Vol. 1 (2010). 106-149.

김진하. "사막교부로부터 찾은 보화, 성숙을 향한 집요함."「목회와 신학」. Vol. Ⅰ/177 (2004):116-125.

김익진."청교도운동과 청교도주의."「교수논문집」Vol. 2 (2003):1-30.

김효남."성화와의 관계성 측면에서 바라본 토마스 굿윈(1600-1680)의 칭의론." 「한국개혁신학」58 (2018):112-150.

문병호."율법의 규범적 본질: 칼빈의 기독론적 이해의 고유성."「개혁논총」4.(2006): 1-24.

박영실. "어거스틴 이전의 기독교 역사에서 칭의 교리의 소외에 관한 연구."「신학지남」 83(4). 2016/12. 201-226.

박희석. "칼빈과 언약신학."「총신대논총」Vol. 21. (2002): 60-86.

서창원. "칼빈주의와 청교도 신앙"「신학지남」88/ 2 (2016) :171-195.

오덕교. "웨스트민스터 총회에서의 안소니 터크니의 역할과 대소요리문답의 작성에 미친 그의 영향."「신학정론」5/2 (1987): 350-361.

원종천. "청교도 율법적 경건의 역사적 배경."「역사신학논총」10 (2005): 87-108.

------."영국 청교도 영성 발전 과정의 역사적 조명."「신학과 선교」Vol.9 (2005) :104-141.

염창선. "오리게네스의'Peri Euches'의 기도 이해와 의미,"「한국교회사학회지」 28, 2011. 43-44.

이형기. "율법과 복음" 그리고 "복음과 율법."「長神論壇」6 (1990):240-264.

임원택. "청교도와 칼빈주의."「진리논단」12 (2006): 91-111.

------. "종교개혁의 필연성: 교회 하나됨에 대한 칼빈의 가르침을 중심으로."「개혁신학」11 (2001): 171-195.

------."청교도의 도덕법 이해." 백석 장종현 박사 육영 25주년 기념 신학논문집 편찬위원회 편「眞理가 너희를 自由케 하리라」407-414. 서울: 백석출판사, 2001.

------. "17세기 영국 청교도의 도덕법 논쟁- 반율법주의 논쟁을 중심으로"「성곡 논총」35 (2004): 355-402.

-----. "프란시스 로버츠의 언약신학."「역사신학 논총」Vol.2 (2000)):157-175.
조덕영. "오리겐의 창조론."「창조론 오픈 포럼」, 11/1. 2017/3. 5-13.
조현진. "17세기 뉴잉글랜드의 율법폐기논쟁이 제1차 대각성 운동에 미친 영향."「한국개혁신학」제34권. 2012.
주도홍. "윌리엄 에임스." 개혁주의학술원 편,「칼빈 이후 개혁신학자들」135-156. 부산: 고신대학교 개혁주의학술원, 2013.
김홍만. "웨스트민스터 신앙고백서의 역사적 배경과 신학적 특징들." 웨스트민스터 신앙고백의 영성과 한국교회. 기독교학술원. 제38회 월례발표회, 2014. 6. 20.

6. 사전류

한국교부학연구회.「교부들의 성경 주해. 로마서」. 장인산. 한동일 역.
칠곡: 분도 출판사, 2016.
기독교대백과사전편찬위원회,「기독교대백과사전」. 서울: 기독교문사, 1996.
기독교 총서 4.「초기라틴 신학」. 서울: 두란노 아카데미. 2011

7. 인터넷 원본 저서

초대 교부들의 원본 글수록.
http://www.earlychristianwritings.com
청교도 저작 인터넷 사이트 참고 : 17세기 청교도 원서 텍스트 참고

청교도 인물별 원본 텍스트 수록. http://digitalpuritan.net/
Christian Classics Ethereal Library. https://www.ccel.org/
Post-Reformation Digital Library. http://www.prdl.org/
청교도 저작 수록. http://www.puritanlibrary.com/

왓슨의 칭의와 성화에 관한 이야기

초판 1쇄 발행 2022년 4월 5일

지은이 김경아
발행인 환희
펴낸곳 은총
출판사등록 2021.12.30..(399-2021-000061호)
이메일 dldks2005@naver.com

ISBN 979-11-977545-0-0
ⓒ 칭의와 성화에 관한 이야기 2022
본 책은 저작자의 지적 재산으로서 무단 전재와 복제를 금합니다.